RON BALL

Elige ser
GRANDE

¡Principios de probada eficacia para tener
éxito, prosperidad y disfrutar una gran vida!

TALLER DEL ÉXITO

Elige ser grande

Publicado por:
Taller del Éxito, Inc.
1669 N.W. 144 Terrace, Suite 210
Sunrise, Florida 33323, U.S.A.
www.tallerdelexito.com
Editorial dedicada a la difusión de libros y audiolibros de desarrollo personal, crecimiento personal, liderazgo y motivación.
Diseño de carátula y diagramación: Gabriela Tortoledo
Traducción y corrección de estilo: Nancy Camargo Cáceres

ISBN 10: 978-1-60738-381-0
ISBN 13: 1-607383-81-0

Impreso en Colmbia
Printed in Colombia

21   22   23   24   25   R| V   12   11   10   09   08

Contenido

Prefacio

¡LA PANORÁMICA DEL MUELLE ERA tal y como yo la había imaginado!

El blanco inmaculado de las instalaciones del *Opera House* contrastaba con el azul profundo del agua. Exóticas aves circulaban alrededor del lugar. El parque tenía la apariencia de un escenario inglés hasta que vimos las palmeras y el bosque de encumbrados árboles de eucalipto. Estando allí observé que el brillo del sol tenía una claridad que nunca antes había notado; ni siquiera durante los más nítidos días de otoño en Colorado; los rayos solares casi te hacían sentir como si estuvieran dándote un tierno masaje.

El portero nos escoltó hasta la suite más alta del Hotel InterContinental. No disimulaba el orgullo que sentía al contarnos que la Reina Isabel II también se había hospedado allí. Caminamos por todo el lugar apreciando aquella lujosa decoración. Sobre una mesa al estilo Reina Ana reposaban una canasta de frutas, bizcochos y té.

Mi esposa Amy, mi hija Allison y yo habíamos llegado por primera vez a Australia y nuestra primera parada fue en el Hamilton Island Resort, en Ciudad Coral, a menos de una hora en bote desde la Gran Barrera de Coral australiana.

Una vez allí, nos guiaron hacia una suite de 2.800 pies cuadrados con vista al mar. Ya instalados, procuré recuperarme del cruce de horarios en una tina lo suficientemente amplia como para acomodar a 18 personas. Era algo así como una piscina de agua caliente. Al salir del agua, de repente sentí una extraña incomodidad en mi espalda; fue entonces cuando me di cuenta de que cuatro cacatúas se me habían adherido a la espalda y a los hombros. Parecían inofensivas, así que las lleve hasta la alcoba en donde se encontraban durmiendo mi esposa y mi hija. Las desperté para qué vieran los pájaros, pero ellas apenas les echaron un vistazo y se volvieron a dormir. Entonces me fui al balcón y me quedé allí hasta que las cacatúas volaron de regreso a la jungla.

Durante los días siguientes comimos unos deliciosos banquetes y disfrutamos de excursiones llenas de aventuras y paisajes maravillosos alrededor de la isla. Nuestra hija nadó con delfines, jugó con koalas y disfrutó de la piscina. Yo salí a trotar todas las mañanas y observé que también había otros trotadores —incluyendo canguros.

Cuando llegamos a Sídney nuestros anfitriones nos llevaron a la imponente suite del InterContinental. Pero lo mejor de todo fue que disfrutamos de toda esta experiencia sin tener que preocuparnos por los costos puesto que todo lo que hicimos fue solo una parte de las atenciones recibidas debido a algunas conferencias que dicté durante algunos eventos de negocios muy importantes en la región.

Me encanta hacer conferencias. Y como resultado de ello, he viajado alrededor del mundo infinidad de veces. He hecho seminarios en 21 países y mi familia ha viajado conmigo a estos eventos el 90% del tiempo.

Me gustaría mencionar algunas de nuestras experiencias familiares…

- La celebración del primer cumpleaños de mi hijo Jonathan en Disneyland de la ciudad de París, en Francia.
- Nuestra estadía en el Palacio de la Ciudad Perdida en Suráfrica junto con el safari al que fuimos.
- El festival de globos aerostáticos en Chantilly, Francia.
- Vuelo en avión de ala delta sobre una isla del Pacífico.
- Excursiones por los Alpes, las Montañas Rocosas y las Azules.
- Visita a las Ruinas Mayas en México.
- La salida de la Luna llena desde el Partenón en Atenas, Grecia.
- Caminata por el Distrito de los Lagos en Inglaterra.
- Un burbujeante fondue en Chamonix, Francia.
- Cena a orillas del Lago de Ginebra en Suiza.
- Recorrido por el Castillo de Edimburgo en Escocia.
- Vivir durante algunas semanas en Londres.
- Compras por los apretujados mercados de Seúl, Corea.
- Un vuelo privado al Monte Aoraki en Nueva Zelanda.
- Obras de teatro en la ciudad de Nueva York.
- Comidas a la orilla del muelle en San Francisco.
- Vivir durante 22 meses dentro (sí, dentro) de Walt Disney World.

Hemos hecho todo esto y más como resultado de mi carrera como conferencista y entrenador.

Mi profesión nos ha llevado a lugares que jamás hubiéramos imaginado. Nuestra familia ha sido bastante bendecida y nos sentimos extraordinariamente agradecidos por ello.

Disfrutamos de una vida muy satisfactoria y somos muy unidos entre sí. Tenemos muy buena relación unos con otros. Amo a mi esposa con pasión, incluso más que cuando nos conocimos. Hemos tenido el raro privilegio de ayudarles a millones de personas a encontrar su propio éxito y realización personal.

No sé si tengas o no una tendencia religiosa, pero en nuestro caso, lo más maravilloso que hemos experimentado en este aspecto es nuestra profunda confianza y fortaleza en Cristo y en nuestra fe cristiana, —es esta la razón por la que nos sentimos plenos.

He recibido entrenamiento por parte de expertos triunfadores que me enseñaron principios que abren puertas y quiero que tú también los aprendas. En *Elige ser grande* hallarás pautas sobre dinero, éxito personal y cómo tener una vida maravillosa hasta el final.

Si tienes sueños y metas que todavía no has cumplido, si estás buscando una relación perfecta, *Elige ser grande* te encantará.

Hay algo que quiero que sepas de antemano: tú me importas, como también tu vida espiritual. También me importan tu familia, tu futuro y tu estabilidad; y además, tu bienestar financiero.

Estoy seguro de que te beneficiarás de inmediato de esta lectura y de las lecciones que encontrarás en ella porque a ti también te interesa todo lo que acabo de mencionar. Te contaré los verdaderos secretos para triunfar según mi propia experiencia —y no basado tan solo en teoría.

Lo que más anhelo para ti es tu éxito y tu felicidad. ¡Deseo que tengas una vida magnífica!

¿Estás listo para elegir ser grande?

¡Muy bien! ¡Entonces, vamos!

¿Estás listo para elegir ser grande?

Era una mañana poco común en el centro de Bélgica.

El cielo era claro; la temperatura, placentera. La primavera tardía trajo consigo abundancia de flores hermosas y exuberante vegetación.

Los granjeros labraban y plantaban los campos. Pequeños animalitos correteaban por entre la maleza y los caballos y el ganado pastaban en manada, pereceando.

Sin embargo, había algo peculiar. Ese día en especial, nadie escuchó el canto de los pájaros, ni el zumbido de sus alas; no parecía haber movimiento en el bosque.
Más tarde fue obvio que volaron hacia otra área pues parece que intuyeron que habría problemas —hecho que ni siquiera la gente más perceptiva de la región detectó.

A medida que los pájaros volaban, tres ejércitos bien armados avanzaban con rapidez, enfrentándose al peligro. Dos de ellos estaban próximos a combatir, mientras que el tercero, que se encontraba fuera de todos los radares, marchaba con mucha agilidad.

La tranquilidad de Europa se vio afectada de un momento a otro por el General Napoleón Bonaparte, el militar más osado de su época.

Napoleón había escapado de su isla prisión y, habiendo reclutado un nuevo ejército en cuestión de tres meses, se disponía a reconquistar toda Europa. Y ante su intento, la única oportunidad que tenía el continente europeo para detenerlo era la unión entre las tropas británicas con las prusianas para enfrentarlo.

El Ejército de Gran Bretaña, comandado por el Duque de Wellington, bloqueó el camino hacia Bruselas. Las fuerzas prusianas, bajo el mando del General Blucher, estaban cerca, pero nadie sabía con exactitud en dónde. Mientras tanto, las tropas francesas, con Napoleón al frente, se movían hacia el Este, rumbo a un pequeño poblado llamado Waterloo.

Los tres ejércitos comenzaron la batalla a mediodía y se mantuvieron en lucha casi 11 horas. El enfrentamiento entre estos titanes fue considerado como uno de los más trascendentales en la Historia de la Humanidad.

Cuando la batalla terminó, Napoleón había sido vencido.

Después de aquello Europa comenzó un largo período de paz y estabilidad. El historiador John Julius Norwich escribió: "Aquella batalla decidió el futuro de Europa y del resto del mundo. La derrota de Napoleón ocurrió en una sola batalla y en un solo día, y a esto se debe que Waterloo sea una de las 12 batallas más importantes de la Historia".

Muchos contribuyeron a aquella victoria; algunos, hasta con su vida. Pero hubo un hombre que falleció en el campo de batalla convirtiéndose en el héroe de su época. Se trató del Duque de Wellington, quien fue aclamado universalmente como el personaje que salvó a Europa. Él alcanzó genuina grandeza.

Este hecho nos lleva a reflexionar sobre una pregunta muy profunda… ¿Qué es grandeza?

Comprendo que quieras llevar una gran vida, disfrutar de un gran matrimonio, tener una gran familia y generar grandes ingresos. ¿Pero es eso lo mismo que "ser" grande?

Mucha gente piensa que "grandeza" tiene que ver con ser más grande o mejor. ¿Pero es de eso de lo que se trata la grandeza?

En la Antigua Grecia se definió grandeza como la realización de una meta que le produce beneficio excepcional a la gente. Ser grande significaba que una persona (con frecuencia, muy sacrificada) se daba a sí misma por una causa en la cual creía; que logró algo que hizo del mundo un lugar mucho mejor.

Los griegos antiguos no simplemente declaraban grande a una celebridad por el hecho de que fuera famosa, lo cual no implicaba ser grande, sino reconocido. Ellos creían que una persona puede ser completamente desconocida ante el ojo público y aun así ser grande por haberles proporcionado grandeza a otros seres humanos; tú eres grande, si lo que hiciste marca la diferencia en la vida de otros.

Recuerda siempre que ser héroe es diferente a ser celebridad. Los héroes son grandes porque hicieron algo grande, algo que impactó la vida de la gente de una manera positiva. Las celebridades son personas que se dan a conocer a nivel público.

Estados Unidos de América es un país fundado por líderes que entendieron cuál es el verdadero significado de la grandeza y cuya sed de libertad y oportunidad fue más fuerte que su temor a la muerte o a fracasar. Muchos de ellos eran adinerados y pudieron haber mantenido su fortuna comprometiéndose y acomodándose al estilo del gobierno que los regía. Pero, afortunadamente, ellos probaron el sabor de la libertad y la desearon para todos sus conciudadanos y por ello estuvieron dispuestos a arriesgar sus fortunas, su vida, y lo que es más importante, su "sagrado honor", con tal de establecer un nuevo régimen de gobierno; uno que proveyera mejores oportunidades para todos.

Estos líderes creían en que Dios, su "Creador", le dio al ser humano ciertos "derechos inalienables" que incluían "vida, libertad y el derecho a la búsqueda de su felicidad". Ellos reconocían que debía existir un gobierno, pero también sabían que este no debía ser tan intrusivo y además lo lo menos imponente posible. Comprendían que, una vez un gobierno se hace demasiado fuerte y poderoso, la libertad y las mejores oportunidades para todos desaparecen.

El nuevo gobierno se convirtió a gran velocidad en el mejor modelo para el mundo y nuestros líderes demostraron a través de su ejemplo que, cuando la gente es libre para ir tras su derecho, dado por Dios, "a una vida de libertad y de lucha por la felicidad", el mundo se convierte en un mejor lugar y cada individuo logra crecer y prosperar.

La nueva nación que estos líderes conformaron se volvió "grande". Se convirtió en una máquina que rodaba armónicamente produciendo crecimiento económico y prosperidad.

Quedó demostrado de manera positiva que, cuando la gente es libre de las garras depredadoras de un gobierno sobrecargado cuya intención primordial es mover el mundo, ¡no hay nada que le impida alcanzar su grandeza!

Esto me recuerda una convención durante la cual me dirigí a un grupo de empresarios latinos en el Estado de New Jersey.

Durante el evento mi esposa Amy y yo fuimos invitados a un almuerzo especial y a hacer parte del grupo donde se encontraban los dueños del negocio. Ellos querían darles reconocimiento público a los miembros del equipo que fueron ascendidos ese semestre dentro de la organización. Después del almuerzo algunos de los líderes nos pidieron que nos tomáramos fotos con ellos y así lo hicimos. La última pareja nos solicitó que nos moviéramos tres pies a nuestra izquierda y nosotros accedimos. Luego, de manera muy atenta, nos propuso que nos moviéramos un poco hacia atrás. Al preguntarles a qué se debía su petición, el hombre señaló hacia el escenario detrás de nosotros en el cual había puesta una bandera americana gigante que servía de fondo. Él quería asegurarse de que la bandera quedara en la foto puesto que era un símbolo muy inspirador de libertad individual y de la oportunidad de crecer desde el punto de vista financiero. La bandera le recordaba que él tenía la opción de hacer grandes cosas que lo llevarían a obtener resultados estelares.

La oportunidad americana, representada por su bandera, fue fundada bajo ocho principios fundamentales:

1. **Dios es la fuente de toda libertad, de oportunidades, de integridad y estabilidad.** Los fundadores de los Estados Unidos reconocieron que una sociedad segura es posible solo cuando existen leyes morales, las cuales carecen de significado sin la presencia de Dios. Sin un Dios personal, todo es moral y nada es moral. Sin un Dios personal (que es la autoridad máxima e independiente) toda verdad y ética se vuelven relativas de acuerdo a lo que cada persona opine que son. Dios ha revelado las leyes de la ética y la moral en la Biblia y son ellas las que conforman la base del modo de vida americano. Neil Mammen escribe que "si no hay Dios, entonces la ética está meramente basada en las preferencias de quienes estén en el poder". La Constitución de los Estados Unidos es famosa por establecer que: "Sostenemos que las siguientes verdades son evidentes: que todos los hombres son creados iguales; que son dotados por su Creador de ciertos derechos inalienables...". Y no habría "derechos inalienables" si no hubieran sido "dotados" (dados) por el Creador.

Nuestros fundadores nunca tuvieron la intención de sacar a Dios de la vida pública y política de la nación. La frase "separación de Iglesia y Estado" ni siquiera aparece en la Constitución. Thomas Jefferson la utilizó en 1802 en una carta escrita a un grupo de pastores bautistas en Danbury, Connecticut. La intención del comentario de Jefferson era darles apoyo a los pastores porque su Estado amenazaba con obligarlos a unirse a una iglesia respaldada por el liderazgo político de Connecticut. Debido a que la Constitución establece claramente: "El Congreso no hará ninguna ley en lo concerniente a la religión," el objetivo era protegerla de la interferencia del Estado. No era para mantener a la fuerza a Dios fuera de la vida pública. Durante décadas el Congreso celebraba la oración oficial y hacía sesiones de estudio de la Biblia con sus miembros. Sin embargo, esa no era la manera de pensar ni de actuar de la gente convencida de que esas reuniones eran inconstitucionales.

2. **EXISTE UN GOBIERNO PARA PROTEGER A SUS CIUDADANOS DE LAS FUERZAS EXTERNAS Y PROPORCIONARLE ESTABILIDAD A LA NACIÓN.** El gobierno no puede considerarse un sustituto de los esfuerzos individuales. Debido a que los fundadores valoraban la seguridad personal, se aseguraron de que los ciudadanos siempre tuvieran el derecho a portar armas, pero este hecho fue visto solamente como una acción lógica y razonable para que todo ciudadano tuviera la posibilidad de proteger a su familia.

3. **LAS LEYES DEBEN BASARSE EN LAS LEYES MORALES.** Siempre deben ser justas y aplicarse por igual a todos los individuos.

4. **TODO INDIVIDUO DEBE TENER GARANTIZADO EL DERECHO A PERSEGUIR SUS SUEÑOS Y A HACER FORTUNA SIN INTERFERENCIA OPRESIVA E INTRUSIVA DE QUIENES ESTÉN EN POSICIONES DE GOBIERNO.** Es aterrador que una agencia del gobierno federal de los Estados Unidos, con fines políticos, haya estado de acuerdo para espiar ciudadanos estadounidenses. Si tú piensas que esta realidad no tiene que ver contigo, recuerda el "Principio de La Loma Resbaladiza" que dice que en el comienzo algo que parece inofensivo puede llegar a convertirse en un proceso peligroso que avanza y empieza a descender por "una loma resbaladiza".

5. LA IGUALDAD DE OPORTUNIDADES ES UNA MEDI-DA JUSTA, PERO LOS RESULTADOS ESTÁN DETERMINADOS POR LOS ESFUERZOS DE CADA INDIVIDUO. No es trabajo del gobierno garantizar los resultados.

6. LA RECOMPENSA QUE OBTIENE CADA INDIVIDUO LE PERTENECE SOLO A ÉL Y NO AL GOBIERNO.

7. LA GENEROSIDAD ES LA MEJOR CURA PARA EL EGOÍSMO. Los triunfadores son gente dadivosa y sensible a las necesidades de quienes no están en capacidad de soste-nerse por sí mismos y avanzar hacia sus metas.

8. LA UNIÓN FAMILIAR DE UN HOMBRE, SU MUJER Y SUS HIJOS, UNIDOS POR EL MATRIMONIO, ES EL FUN-DAMENTO DE UNA SOCIEDAD FELIZ. Siglos de experiencia humana así lo han demostrado. Es por esto que los sistemas totalitarios, como el comunismo, siempre han atacado al núcleo familiar, porque se dieron cuenta de que las familias fuertes plantean ser una grave amenaza frente a sus deseos de dominio.

No es ninguna sorpresa que los Estados Unidos final-mente se hubiera convertido en un "gran" nación pues es indudable que estos son ocho grandes principios y cada uno se basa en una norma fundamental de la naturaleza hu-mana: que el ser humano hará todo lo posible cuando se le permita tener libertad e ir en busca de oportunidades sin la injerencia de un gobierno dominante.

Elige ser grande es una explicación simple, y a la vez pro-funda, de porqué estos ocho principios siguen funcionando. Si quieres llegar lejos y ser feliz, implementa cada uno de ellos en tu propia vida. Deja que *Elige ser grande* sea tu plan para alcanzar éxito, prosperidad económica y felicidad.

Recuerda... ¡ser GRANDE es una elección!

¡Y ahora voy a mostrarte paso a paso cómo elegir ser grande en cada área de tu vida! Quiero que recuerdes la regla básica de la grandeza a medida que leas este libro: serás grande cuando cumplas los propósitos de Dios y le agregues valor a la vida de los demás. Serás grande por ser un dador y no tan solo alguien que busca recibir aquí y allá. Concéntrate en agregarles valor a tu trabajo, a tu familia y a las personas con las que interactúas en cada área de tu existencia. Enfócate en ayudar y no en lo que podrías conseguir de quienes te rodean.

¡ELIGE SER GRANDE!

Capítulo 1

ELIGE EJERCER TU LIBERTAD

EN UNA OCASIÓN, ALLÁ EN el año de 1978, me encontraba haciendo fila durante dos horas para entrar al cine. La película que quería ver ya había estado en pantalla durante meses y, sin embargo, la cantidad de gente que quería verla seguía en aumento. Mi esposa Amy y yo esperamos con paciencia y por fin encontramos asientos en la parte trasera del auditorio para una función de las 10:00 de la noche de un sábado.

Los créditos cinematográficos de apertura eran diferentes a todo lo que habíamos visto. Los efectos especiales eran impresionantes. La historia nos cautivó de inmediato. Fuimos fanáticos furibundos de *Star Wars* desde el primer fotograma.

Una escena clave ocurrió hacia el inicio de la película. R2D2, un fugitivo "androide", lleva a Luke Skywalker a la casa a distancia de Ben Kenobi, una figura solitaria y misteriosa. Ben está examinando a R2D2 y de repente aparece un mensaje de holograma. Aparece el formato en miniatura de una atractiva joven llamada Princesa Leia, quien explica que ella es parte de una alianza rebelde, en guerra con un imperio oscuro y terrible. Ella ha sido objeto de ataques y ha ocultado planes (vitales para la rebelión). A continuación, hace una pausa y dice las palabras que van a cambiar la vida del joven Luke Skywalker: "Esta es nuestra hora más desesperada. Ayúdame Obi-Wan Kenobi, eres nuestra única esperanza". Así terminó el mensaje y Luke estuvo de acuerdo en rescatar a la joven. Estoy seguro de que conoces el resto de la historia.

Las palabras de la Princesa Leia son el desafío para nosotros hoy. "Esta es nuestra hora más desesperada".

Hemos enfrentado momentos oscuros en el pasado; guerras externas, una guerra civil interna, reveses económicos, una renuncia presidencial y dos destituciones del más alto nivel. Sin embargo, nunca nos hemos enfrentado a un momento como ahora, en el cual el concepto de lo que es un estadounidense, y de lo que son sus creencias, esté tan en riesgo de convertirse en irreconocible para nuestros fundadores y para los millones de compatriotas que existieron antes que nosotros. Es bastante probable que los próximos años determinen si un país excepcional y ordenado bajo las leyes divinas, como es los Estados Unidos, seguirá siendo "la última esperanza" de la Tierra, y si continuará siendo considerado como la tierra de la libertad y de las oportunidades para todo individuo.

Existe una división fundamental entre aquellos que ven al gobierno como el máximo árbitro de la vida, como el poder global que controla todo, y los que ven la libertad individual y la oportunidad como la mejor protección de la dignidad humana. Este segundo grupo es el que entiende que el gobierno es una herramienta imperfecta que debe utilizarse con mucho cuidado y a la cual jamás hay que permitirle sofocar la capacidad de emprendimiento del ser humano.

Es importante para todos nosotros y para nuestro progreso que luchemos, que capturemos primero la atención y luego los corazones y las mentes de las nuevas generaciones. Es vital que lo hagamos ahora mismo. No hay un minuto que perder. Se trata de "nuestra hora más desesperada". ¿Qué puedes hacer tú ahora?

Si quieres llegar lejos en la vida, entonces necesitas tener la libertad para perseguir tus metas. Pero debe tratarse de una libertad positiva que te hayas ganado. Tú no quieres que alguien te la dé, porque cuando la libertad es dada, también puede ser arrebatada. Entonces el dador controla ese regalo y se convierte en el amo de sus marionetas, por así decirlo.

Hace poco hablé con una mujer que trabaja para una gran empresa de contabilidad en Carolina del Sur. Ella me habló de su sobrina de 20 años, quien fue criada en una familia conservadora, cristiana. Ella siempre había estado involucrada, activa y entusiasta en su iglesia y en su familia apoyando aquellos principios conservadores. Ese era el único entorno que ella conocía hasta que un día dio a conocer su profunda simpatía hacia un enfoque socialista de la economía. Su familia se sorprendió y le preguntó por qué. Ella les dijo que el socialismo le daría todo. No más trabajo duro puesto que el gobierno se haría cargo de ella. Sería el equivalente a tornarse a una vida cómoda. La chica estaba convencida de que no conseguiría nada mejor que eso. Eso es lo que ella creía.

Yo pienso que es posible vencer esa manera de pensar al informarle a la gente con total claridad acerca de cuál es la verdadera realidad. Es necesario decirles a quienes así piensan que lo que esperan conseguir "gratis" no es ni remotamente posible —y ni siquiera realista. Hay que mostrarles que la vida que esperan tener solo es viable en una sociedad que exalta la libertad de empresa y les da la oportunidad de obtener lo que quieran. "Ganar" es la palabra clave aquí. Margaret Thatcher dijo que el socialismo fracasa cuando se les acaba el dinero el dinero de los demás. Si en realidad quieres disfrutar de tu libertad personal, debes "ganártela".

Este no es un intento para tratar de obligarte a votar por alguna tendencia política en particular. Se trata simplemente de un intento para ayudarte a entender que, cuando votas por un candidato determinado, estás apoyando sus creencias y principios. Tú eres libre, por supuesto, para votar por la persona que elijas, pero es casi seguro que esa persona usará su poder para impulsar la agenda que mejor le parezca. Si una creencia o principio en particular no te ayudan a proteger tu libertad para construir tus sueños, entonces debes cuestionarte la elección del candidato que los representa. Y aun así, tú eres libre de tomar la decisión que quieras, pero al menos sabrás el porqué de los resultados.

Tus opciones se ajustan automáticamente en una o más de las siguientes cinco categorías.

1. *El trabajador*

A lo largo de la Historia los pequeños grupos de élite han controlado a la mayoría del pueblo. Esta mayoría de las personas se conoce como los trabajadores, en algunas culturas; y como siervos o criados, en otras. A ellos se les da la tierra para que la trabajen, un lugar para vivir y los medios para cultivar alimentos. Parece un buen estilo de vida, pero hay un inconveniente: el trabajador siempre depende de la élite debido a la tenencia de la tierra. El patrón incluso decide donde vivirá el trabajador, así como la forma de distribuir la comida que él mismo produce.

El trabajador tiene una fuente de seguridad que existe solo a discreción del patrón.

2. EL PARÁSITO

Los parásitos son individuos que no le aportan nada a la sociedad. No son más que consumidores muy poco esforzados. Los parásitos son la garrapata que se hospeda en la sangre de los demás. Todas las sociedades tienen una subclase que vive al borde de la aniquilación. Y todos los países tienen personas que no pueden o no quieren mantenerse a sí mismas. El problema es que un gran número de ellas forma grupos que exigen el apoyo del gobierno. Y para empeorar el estado de las cosas, amenazan con la violencia si no se les cumplen sus demandas. Los parásitos son tan influyentes que se chupan los recursos vitales que producen quienes hacen parte de la fuerza de trabajo de la sociedad, y afectan toda la economía.

3. EL DEPREDADOR

Una conocida película de ciencia ficción se basa en un cazador extraterrestre que, con fines deportivos, viene a la tierra al acecho de humanos. Este depredador tiene armamento avanzado así como habilidades superiores. Su principal ventaja es un dispositivo que le permite volverse invisible —un beneficio que es vital para un cazador.

La película sigue el patrón esperado de caos y suspenso —los seres humanos trabajan en la elaboración de estrategias para evitar su extinción.

Lo más interesante sobre este depredador interplanetario es que él considera que los seres humanos no son nada más que sus presas. No hay en él consideración por la dignidad del hombre, ni por la sensibilidad humana. Según él, los seres humanos existen exclusivamente para su placer.

En cada sociedad existen depredadores humanos. Se trata de hombres y mujeres que manipulan a otros y los utilizan para satisfacer sus propias agendas. El depredador cree ser superior a los demás y no tiene ningún problema en interferir en sus vidas. Depredador es, por ejemplo, un criminal que roba a la gente a punta de pistola; un estafador que ataca a presas fáciles; un político elitista que abusa de su posición en el gobierno para controlar y manipular a los demás ya que, supuestamente, él "sabe más".

4. EL PATRÓN

Un patrón es un "elitista" que se ofrece para darte ayuda, pero a un costo específico. Siempre tendrás que hacer lo que él te diga y seguir sus instrucciones.

El patrón puede ser generoso, pero esa generosidad depende de tu obediencia.

Para citar un ejemplo rápido, vayamos de viaje a la Edad Media y examinemos a los siervos. En gran parte de Europa durante esta época, grandes bloques de la población trabajaban la tierra y eran dominados por sus "propietarios". Los trabajadores (siervos), recibían protección, un lugar para vivir y un porcentaje de la cosecha, pero dependían de los "propietarios". Los siervos no tenían libertad para salir; tampoco tenían nada que decir en cuanto a lo que recibirían por su trabajo. Los siervos vivían al gusto del "patrón".

No estoy criticando a todos los patrones. Aquellos que auspician las artes o proporcionar fondos para los hospitales están haciendo contribuciones positivas.

Los patrones a los que me refiero son los que llegan a posiciones de poder y hacen mal uso de ella.

Muchos solo ayudan a los demás con la condición de que se ajusten a sus intereses y a su agenda personal.

5. *EL PRODUCTOR*

Los productores son esos raros individuos que construyen nuestra sociedad.

El productor es el empresario que toma riesgos, que intenta, fracasa y lo intenta de nuevo. Es el contribuyente que le da su trabajo, esfuerzo y compromiso a la sociedad. El que provee hospitales, escuelas, hogares de ancianos, alimentación, vivienda y empleo. Cuando todo está dicho y hecho, el productor es un héroe del sector financiero.

Esta es la razón por la cual tú necesitas saber exactamente lo que quieres. Porque, cuando lo sabes, te conviertes en un motivo de inspiración, en alguien constructivo y productivo para la sociedad. Y al hacerlo, también te conviertes en un ejemplo para quienes son de bajas aspiraciones y de bajo rendimiento. Cuando tú te conviertes en el autor determinado de tu propia vida, inspiras a otros a lograr sus propios objetivos.

El reconocido sicólogo Martin Seligman lo dijo mejor: "Lo opuesto al éxito obtenido es la incapacidad aprendida".

El reportero John Stossel afirmó: "En los laboratorios experimentales, —donde hubo descubrimientos que no significaron una enorme ganancia para el ser humano, como por ejemplo el invento de las monedas de cinco centavos que salen de las máquinas traganíqueles—, no aumentó la felicidad del ser humano, sino que se produjo indefensión. La gente se dio por vencida y muchos se convirtieron en entes pasivos, y esa pasividad (y el estado de bienestar de los Estados Unidos) es una amenaza para nuestro futuro. Todo el mundo necesita pasar por el dolor y la pérdida y enfrentarse a obstáculos puesto que es esa lucha por superar lo que en realidad importa".

Cuando te permites convertirte en un trabajador en necesidad de un patrón, entonces eres una buena presa de la "incapacidad aprendida", la cual terminará por bloquear todo tu potencial.

Considera los siguientes ejemplos de productores...

La maestra de escuela primaria de Thomas Alva Edison le dijo que él era demasiado estúpido para aprender. Edison llegó a registrar 1.093 patentes con el Servicio de Patentes de los Estados Unidos, incluyendo las de la luz eléctrica y el proyector de cine.

El virtuoso de la música Johann Sebastian Bach escribió 20 páginas de música todos los días.

Picasso, siendo un artista revolucionario, completó más de 20.000 pinturas a lo largo de su vida.

Albert Einstein publicó 240 trabajos científicos.

Sigmund Freud publicó 330 trabajos científicos.

James Dyson inventó una aspiradora que finalmente lo convirtió en multimillonario. Él estaba decidido a crear la mejor cámara de vacío jamás construida. Durante años descartó cientos de diseños que no le funcionaron. Dyson desarrolló 5.127 modelos hasta que finalmente llegó al que lo convirtió en el rey indiscutible del mundo de las aspiradoras.

Estos innovadores tenían "verdadero coraje". No fueron trabajadores, parásitos, ni depredadores, sino productores excepcionales que dejaron su huella y un legado.

Si quieres ser GRANDE, elige que defenderás tu libertad.

Capítulo 2

ELIGE DESTACARTE
Y SER ÚNICO

MUCHOS PIENSAN QUE ES FÁCIL conformarse con obedecer a las reglas de los demás y tomar el camino de menor resistencia; que es cómodo seguir a las multitudes, ceder ante la presión de grupo y acabar por convertirse en una pieza más, de aquellas que no tienen voz en la sociedad. Pero al final se dan cuenta de que su corazón y su alma se sienten hastiados, y que ese sentir terminará por conducirlos a la mediocridad.

La mediocridad es un estado que parece producir calma, pero que nunca dará lugar a la grandeza. La realidad es que funciona muy parecido a un narcótico: te hace sentir muy bien, pero termina por convertírse en un medio de escape.

Conformarte con una vida de mediocridad te crea una falsa sensación de seguridad que por lo consiguiente es engañosa. La promesa de la mediocridad es la promesa de que, cuando haces parte de la multitud, esta te protege. Sin embargo, lo que en realidad ocurre es que la multitud te roba tu identidad individual y tu libertad. Los financieros socialistas creen que todos somos creados iguales, motivo por el cual nadie debería tener más que nadie. A eso debe que, cuando decides salirte de ese esquema y trazar tu propio curso, seas percibido como una amenaza para el sistema y te presionan para que te ajustes nuevamente y regreses a la mediocridad. Serás avergonzado una y otra vez hasta que te des por vencido y apoyes las opiniones del medio que te rodea. En nuestro tiempo esto es a lo que se le llama estar "políticamente en lo correcto".

Si te atreves a resistirte a las opiniones del grupo, de inmediato eres percibido como enemigo. Y cuando permites que eso te suceda, hasta tu propia alma se encoge y con tu actitud haces más difícil que otras personas se animen a expresar sus verdaderas convicciones. Y es así como te conviertes en un cobarde.

En una ocasión a mi esposa Amy y mí nos ofrecieron posiciones importantes dentro de una gran organización. Nos enviaron a Nueva Orleans para entrevistarnos. Cuando el CEO terminó de hablar con nosotros nos dijo que no era necesario que le diéramos más información y que quería contratarnos. Nos prometió beneficios y una vía de ascenso rápida. Nos dio la bienvenida a la empresa y luego nos pidió estar de acuerdo con ciertas condiciones. Sin embargo, después de escucharlas, Amy y yo nos dimos cuenta de que no podíamos firmar un contrato de trabajo en el que se nos pedía que respaldáramos ciertos aspectos morales y políticos que violan nuestras creencias cristianas —y esa no era una opción que nosotros estábamos dispuestos a considerar.

Algo que tengo que mencionar es que, cuando recibimos esas ofertas, los dos estábamos bastante endeudados con préstamos estudiantiles y necesitábamos aumentar nuestros ingresos. Esas fueron las únicas ofertas que recibimos. Nos estaban dando posiciones de poder y dinero en potencia, pero los dos sabíamos dónde estábamos parados desde el punto de vista moral y ético y por lo tanto nos negamos a aceptarlas.

Le di las gracias al director general por su tiempo y rechazamos su propuesta laboral. Él se enojó y nos dijo que, si la rechazábamos, él personalmente se encargaría de arruinarnos. Luego nos reiteró su oferta por última vez, pero yo le extendí mi mano y le dije: "Adiós".

Salimos del edificio rebosando de alegría. Caminamos por Carondelet Street, con poco dinero, pero con un enorme sentimiento de autorrespeto. Esa experiencia nos llevó a tomar la decisión de construir nuestro propio negocio, una opción de trabajo que se basara en nuestras creencias. Rechazamos la posibilidad de ser controlados. Nos negamos a ajustarnos a un sistema que atentaba contra nuestra libertad. Elegimos la autosuficiencia.

Creo que si hubiéramos cedido nuestras convicciones y nos hubiéramos conformado a una cultura corporativa en la cual no creíamos, nos habríamos convertido en unos vendidos; condenados a unirnos a las masas mediocres. La sensación de seguridad que la mediocridad nos ofrecía habría terminado por acabar finalmente con lo que somos como individuos. No hubiéramos podido llegar a vivenciar lo que es la grandeza personal en esas circunstancias.

Hace algunos años tuve el privilegio de trabajar con el expresidente Ronald Reagan. Los dos estábamos en el mismo ciclo de conferencias el año después de que él terminó su periodo presidencial.

Mi primer encuentro con él ocurrió en el Salón Verde —un recinto que estaba detrás del escenario del primer evento en el que coincidimos. Yo estaba programado para hacer su introducción y dos de los promotores del evento nos presentaron en el área de los camerinos.

Mientras esperábamos a nuestros escoltas para que nos acompañaran a subir al escenario el presidente nos preguntó si veíamos fútbol americano. Todos dijimos: "Sí." Entonces él procedió a contarnos varias historias sobre sus días de fútbol universitario. Nos contaba una historia, comía una galleta de chocolate, y luego contaba otra.

En determinado momento nos preguntó si podía mostrarnos su jugada favorita. Nos organizó en una formación, conmigo centrado en frente de él y los dos promotores a cada flanco. El presidente se ubicó en una postura de tres puntos frente a mí y me pidió que tratara de bloquearlo. A continuación, comenzamos el juego y nos estrellamos contra unos muebles; el suelo tembló. Dejamos de jugar y estallamos en carcajadas; luego comimos más galletas de chocolate juntos.

La razón por la que estoy contando esta historia es porque allí se encontraba sin lugar a duda el hombre más famoso del planeta haciendo que todos y cada uno de nosotros nos sintiéramos especiales. Se portó como un caballero excepcional que no tenía miedo de ser quien era. El expresidente Reagan es, sin lugar a duda, un ejemplo de grandeza.

Es bien sabido que muchas personas con poder político no lo apoyaron cuando lanzó su candidatura a la presidencia de 1980. En aquel tiempo todavía era considerado un intelectual de peso ligero cuya supuesta superficialidad lo descalificaba para ser presidente. No había confianza en él y se le consideraba un belicoso imprudente, además de moralmente débil a causa de haberse divorciado tiempo atrás. Algunos líderes políticos y los medios de comunicación decían de Reagan que era "demasiado viejo". Nadie le dio la oportunidad de ganar. Cuando comenzó su intento por llegar a la Casa Blanca, su propio equipo de trabajo se dividió y el caos se apoderó de los encargados de su campaña.

Entonces ¿por qué ganó Ronald Reagan? ¿Qué lo hacía diferente? ¿Cómo se convirtió en uno de los presidentes más grandes de los Estados Unidos?

Una de las mayores razones por las que Reagan asumió la presidencia es porque él demostró ser un hombre mejor de lo que sus críticos reportaban. Él era más inteligente, más sabio, más fuerte y más dotado de lo que la mayoría de gente se daba cuenta.

El Presidente Reagan tenía un conjunto de creencias y convicciones básicas que fue desarrollado y puesto a prueba durante esos años de feroz oposición. Él supo mantenerse firme en sus creencias y nunca vaciló. Tenía algunas ideas simples sobre la excelencia de los Estados Unidos, los límites del gobierno, la posibilidad de brindar oportunidades para todos, la importancia del optimismo y la jerarquía de las leyes de Dios. Sus sólidas bases y sus convicciones lo guiaron a través de su carrera de servicio público. Era un hombre honesto, hecho que parece raro en el campo de la política.

Siempre es posible optar por seguir tras la mediocridad, pero estarás cediendo tu individualidad en el proceso.

¡Si quieres ser GRANDE, elige que te destacarás entre la multitud y serás único!

Capítulo 3

ELIGE QUE DEJARÁS
DE SACAR EXCUSAS

QUIERO QUE TE IMAGINES UNA roca rodando por una colina. La energía que empuja la roca a medida que el impulso la hace seguir rodando es lo que se llama "inercia". Una vez que echas a rodar la roca cuesta abajo, la inercia hace que la roca siga rodando e incluso adquiera más velocidad. Esto también es cierto para describir cómo funciona la mentalidad de alguien con la manía de inventar excusas. Las excusas tienen un efecto de inercia y producen un estado mental llamado victimismo. Cuando tú comienzas a utilizar excusas, tu progreso comienza a disminuir. Cuando las utilizas varias veces, estas comenzarán a crear impulso e inercia. Sin embargo, ese no es el tipo de impulso que quieres en tu vida, a menos que desees echar para atrás y retroceder en tus metas —yo lo dudo bastante.

Entiendo que las excusas suelen ser muy atractivas pues parecen eximirte de toda responsabilidad. Cada vez que decides sacar excusas te estás dando permiso para fallar. Te estás permitiendo a ti mismo rendirte antes de siquiera intentarlo.

La razón para que las excusas sean tan tentadoras es porque producen comodidad. Se disfrazan de tus mejores amigas y te brindan la tranquilidad falsa de que alguien, que no eres tú, hizo que tus circunstancias fueran negativas.

Pero al igual que quien se dice ser amigo de un alcohólico le "permite" seguir siendo un alcohólico, o que el supuesto amigo de un adicto le "permite" continuar con su adicción, de esa misma manera puede decirse que una excusa no es un amigo. Es uno de los peores enemigos.

Se necesita mucho carácter para dejar de sacar excusas puesto que tienes que estar dispuesto a aceptar que todo lo que te sucede es tu responsabilidad. Como afirma una conocida cita de motivación: "Si ha de ocurrir, entonces es mi responsabilidad que ocurra".

He aquí un ejemplo:

Waterworld es una película que fue lanzada en 1995 y desde el comienzo tuvo tan poca audiencia que no duró mucho en cartelera. Se trataba de cómo sería la vida en nuestro planeta si estuviera cubierto de agua.

El marinero, interpretado por Kevin Costner, navega el planeta en una embarcación improvisada. Se encuentra con una mujer y un niño (no familiar) que necesitan su ayuda. Él se niega a ayudarlos, pero después comienza a pensar en la posibilidad de haberles ayudado.

El marinero expresa sus posibles razones para rechazarlos y luego comienza a reconocer que esas razones no son nada más que excusas. Al final se convierte en un héroe que arriesga todo para rescatar a quienes confiaban en él.

La película plantea la decisión de desenmascarar las excusas y dejarlas como lo que en realidad son —una manera atractiva de desentenderse de una responsabilidad y de desaprovechar una oportunidad.

Crecí en la región subdesarrollada de los Apalaches del Este de Kentucky. Mi padre era vendedor y mi madre era ama de casa. Cuando me gradué de la Secundaria, Kentucky ocupó el último lugar en el nivel de educación en los Estados Unidos y mi escuela ocupó el último lugar en el Estado de Kentucky —lo cual significa que me gradué de la escuela de más bajo rendimiento académico de la nación.

Después de graduarme de mi maestría, me inscribí en otra universidad para un programa de doctorado y me dijeron que mi solicitud fue rechazada porque yo no hacía parte de una minoría étnica. Tuve muchas oportunidades de sacar excusas para no continuar con mis estudios. Podría haber dicho que me rechazaron porque me gradué de la peor escuela o porque soy de raza caucásica. Socialmente, esa habría sido una excusa aceptable. En cualquier caso, todavía no iba a entrar en ese programa de doctorado así que las excusas que hubiera sacado solo habrían sido facilitadores para entrar en el modo de pensar de víctima, pero esa opción no era para mí porque yo quería ser grande, no una víctima.

¿Cuál habría sido el destino de Inglaterra (y posiblemente del resto del mundo) si Winston Churchill hubiera sido propenso a sacar excusas?

¿Habría alguna vez existido los Estados Unidos de América si George Washington hubiera mirado a su casi eliminado ejército con desdeño y como la perfecta excusa para buscar la paz con Gran Bretaña?

¿Qué le habría pasado a la paz de Europa si el Duque de Wellington hubiera visto a su mal preparado y dividido ejército como la excusa para rendirse ante Napoleón la víspera de la Batalla de Waterloo?

¿Habría luz eléctrica si Thomas Alva Edison hubiera utilizado sus fracasos como excusa para renunciar a sus intenciones?

¿Estaría el gran porcentaje de personas alrededor del mundo utilizando el iPhone, iTunes y remplazando sus portátiles con iPads si Steve Jobs hubiera caído en la autocompasión después de que fue despedido de Apple en 1985?

Mira las excusas como lo que son: una manera de justificar el fracaso. Además, las excusas hacen que alcanzar la grandeza sea imposible.

Ahora mismo, mientras estás leyendo este material, el gran socialismo está ofreciendo la excusa final: decir que, si tú estás luchando, no es por tu culpa porque, si tú no ves oportunidades, entonces alguien más tiene que tener la culpa. En tal caso, el gobierno no está haciendo otra cosa que permitirte tus excusas y consolándote con la garantía de brindarte protección y seguridad constantes. Todo lo que tienes que hacer es renunciar a tu libertad y serás protegido, solo que a un alto costo, a expensas de los productores de la sociedad.

Si quieres ser GRANDE, elige que tomarás el 100% de la responsabilidad por tu vida sin necesidad de sacar excusas.

Capítulo 4

ELIGE PENSAR POR TI MISMO

ES POSIBLE QUE NO TE des cuenta, pero los medios de comunicación tienen una enorme influencia sobre tus derechos y oportunidades. Esto es especialmente cierto en lo referente a los medios de entretenimiento.

Recuerdo haber visto cuando era niño la versión original de *King Kong* en la televisión. Estaba cautivado. Pensé que había descubierto la película perfecta. Los dinosaurios parecían tan reales. King Kong fue la criatura más grande que jamás había visto. Incluso quería crecer lo suficiente como para irme a explorar los océanos y descubrir otra Isla Calavera (yo estaba seguro de que realmente existía). También tenía planeado visitar la ciudad de Nueva York para conocer la panorámica del lugar donde ocurrió la trágica muerte de mi gigantesco héroe.

A través de los años he visto *King Kong* docenas de veces. Memoricé diálogos enteros e incluso aprendí a decir: "Fue la belleza lo que mató a la bestia".

Fuera de estas experiencias tempranas con los medios desarrollé dos gustos: mi amor por los monstruos y por explorar (expresado en mi devoción por viajar por el mundo). Ambas fueron influencias que recibí de los medios de comunicación.

Cada vez que te ves influenciado por estrellas de cine o del rock, por deportistas o por cualquier famoso estás demostrando que los medios de comunicación te han afectado.

Si ves una película que se desarrolla en un lugar exótico y sueñas con ir allí, los medios de comunicación te están influenciando. Y todas estas influencias combinadas ayudan a formar, no solo tu identidad, sino también tus metas más importantes.

Los medios de comunicación le dan forma a tu concepto del mundo que te rodea. Sus historias están diseñadas para enseñarte lo que realmente está pasando en el mundo e intentan moldear tu forma de pensar. El problema es que gran parte de los principales medios de comunicación es manejada por una perspectiva poco ajustada a la realidad.

Si tú piensas que el gobierno es la respuesta a todo o que el medio ambiente está en riesgo, entonces es probable que tu punto de vista se formó basado en las principales fuentes de noticias y sus agendas ocultas. Si eres como millones de otros espectadores, entonces tú construyes tus creencias acerca de los problemas clave basándote en la información que te presentan los periodistas y otros de los llamados "expertos". Y lo peor es que, si eres como la mayoría de la gente, nunca te tomarás el tiempo para hacer la investigación adecuada que confirmaría con precisión o negaría lo que los medios te están diciendo. Sin embargo, este ya no es momento de la Historia para practicar la fe ciega.

Un buen ejemplo de ello es la polémica sobre la aparente disminución de la población de osos polares en las regiones árticas. Sobre la base de numerosos informes de prensa la mayoría de los ciudadanos cree que la cantidad de osos polares ha disminuido de manera drástica y peligrosa. No obstante, una parte relativamente pequeña de la investigación reveló que el número de osos polares saludables en la naturaleza en realidad ha ido en aumento. La histeria innecesaria sobre los osos polares y el medio ambiente se podría haber evitado con algunas comprobaciones de hechos simples.

Tomemos otro gran ejemplo: la "locura de la celebridad". Ocurre cuando la gente mide su valor frente al de una celebridad. Las personas pierden el tiempo obsesionándose con la vida de alguien que no conocen, hecho que por lo general les crea un sentimiento de autoestima disminuida, como si no fueran seres humanos plenamente efectivos si no son famosos y están en el ojo público. El problema es que, si tu autoestima está disminuida, nunca serás grande.

Veamos esto más de cerca.

Los antiguos griegos tenían una definición específica de héroe. Alguien era considerado héroe cuando hacía algo que generaba un beneficio para los demás. Había que rescatar a alguien en peligro o resistir la presión y comprometerse hasta llegar a ser un buen funcionario público. El héroe se levantaba para cumplir un reto y arriesgaba su vida y fortuna para promover una causa digna. El héroe era simplemente un héroe. Los griegos no tenían ningún concepto de lo que se llama el "Efecto Kardashian". Ellos no habrían entendido que alguien pudiera ser famoso solo por ser famoso. Se habrían reído de darle estatus de héroe a alguien solo por ser actor exitoso o cierta clase de presentador. El héroe es noble, mientras que la celebridad es, bueno, solo una celebridad.

El historiador David McClelland dijo que un estudio de la literatura infantil en los Estados Unidos desde 1800 a 1950 demuestra que los triunfadores que tuvieron éxito financiero siempre fueron retratados como héroes.

Durante 150 años los niños han estado leyendo historias sobre líderes autosuficientes que construyeron sus negocios y siguieron los principios de la libre empresa. David piensa que estos individuos fueron presentados como héroes a seguir. Y como resultado, inspiraron a varias generaciones de jóvenes adultos a aprender los principios de la riqueza que hizo de los Estados Unidos la nación más próspera del mundo. El poder de su influencia se extendió a lo largo de la nueva nación y causó una explosión de oportunidades para cada individuo y para su felicidad. Este es un ejemplo de verdadero "heroísmo".

Si deseas generar éxito al máximo, necesitas desafiar la fachada que aparenta ser políticamente correcta. Necesitas levantarte, ponerte en pie, destacarte y trazar un curso basándote en un punto de vista concreto, preciso y con la comprensión de lo que realmente funciona. Tú puedes aprender lo que necesitas saber de los héroes de la libre empresa que han demostrado que la prosperidad se basa en la libertad de ir tras tus propios sueños.

Si quieres ser GRANDE, elige pensar por ti mismo en todo momento.

Capítulo 5

ELIGE ADQUIRIR
TU PROPIA FORTUNA

ME ENCONTRABA SENTADO EN EL estudio de una cabaña de 16.000 pies cuadrados, a la orilla de un resplandeciente lago del Sureste. Los rayos del sol descendían sobre el agua y lanzaban destellos de luz brillantes, teñidos de rojo dentro de la casa. Frente a mí estaba mi mentor principal; el hombre que me había enseñado más que nadie sobre el dinero y la producción de riquezas. Mientras estaba allí sentado reflexionaba sobre lo mucho que él me había enseñado sobre ese aspecto. No fue un proceso que él me hiciera fácil. De hecho, empezó sus lecciones conmigo desmantelando mi mentalidad financiera y mi forma de pensar acerca del dinero. Me mostró dónde había dejado de aprovechar las oportunidades y había sido tonto con los demás. El proceso me dejó maltrecho, pero lo peor era que yo sabía que él tenía razón. Yo tenía una historia de mal manejo, tanto a nivel financiero como de obstinación. Además sabía que él en realidad se preocupaba por mí.

Cuando nos conocimos, él era un gigante en su industria, un hombre adinerado más allá de mi comprensión; ciertamente, no necesitaba invertir su tiempo ayudándome. Yo era un joven empresario que luchaba, con grandes sueños, que desconocía los secretos del éxito. Me sentía como si él fuera un "Don Alguien" y yo un "Don Nadie". Hoy sigo creyendo que fue la intervención de Dios la que nos unió.

Recuerdo que en septiembre de 2009 los dos estábamos discutiendo sobre la implosión del mercado de la vivienda. La magnitud de este desastre se hacía evidente.

Conversábamos sobre bienes raíces, como también del mercado de valores. Luego mi mentor hizo un comentario que nunca olvidaré. Se sentó en una silla de cuero de gran tamaño y dijo que la situación era grave; y sí, muchas personas se encontraban en circunstancias desesperadas, pero a él la situación no le preocupaba en absoluto. Me contó que él y su esposa podrían relajarse y esperar a que pasara la crisis porque tenían suficientes ingresos y ninguna deuda. Afirmó que poseía casas y otras propiedades por valor de decenas de millones de dólares, así como de numerosos automóviles y de otros artículos, todos pagos. ¿Lo entendiste? Todos estaban pagos. Él no tenía la menor deuda. Por lo tanto, no tenía miedo.

Es importante señalar que este hombre comenzó con nada. Él no heredó dinero. Él no lo robó. Él no lo pidió prestado. Se lo ganó todo. Trabajó, tomó riesgos, invirtió sabiamente en su negocio hasta que por fin llegó a ser muy rico. Él es un GRAN héroe americano. No depende del dinero de otras personas, ni es un lastre para los recursos de su comunidad. Él paga más en impuestos que lo que la mayoría de la gente gana. Es un ejemplo viviente del Sueño Americano y un verdadero héroe.

Mi mentor me recuerda a Máximo, el General romano, y más tarde, Gladiador, en la película *Gladiador*. En la escena culminante, Máximo ha sido connfrontado en una lucha a muerte con el vil Emperador romano, Cómodo, quien, para asegurarse la victoria, envenena a Máximo. Pero, incluso en su estado de debilidad, el General Máximo, Gladiador, domina y mata a Cómodo. El veneno hace efecto y Máximo, semiconsciente, cae al suelo. El emperador muerto y el moribundo Máximo son entonces rodeados por la Guardia Imperial.

La hermana del emperador corre hacia el héroe caído para tratar de consolarlo a medida que él muere. Por un momento, nadie se mueve y no hay nada más que silencio. Entonces ella se levanta y se enfrenta al general al mando de la guardia. Lo mira con una intensidad feroz y le dice: "¡Él era un soldado de Roma! ¡Hónrelo!"

Mi mentor es un soldado que lucha por el Sueño Americano de la libertad y la oportunidad. Él debe ser honrado así como otros que luchan como él, mi mentor ha sido inmune a la crisis financiera que amenaza a tantos otros ciudadanos porque él eligió que construiría su propio sueño y protegería a su familia.

Mi mentor tiene muchas cualidades admirables: es un cristiano serio; un hombre de gran carácter y generosidad; alguien que aprendió a hacer y ahorrar dinero.

Si todas las áreas de tu vida están en equilibrio, con excepción de las finanzas, entonces estás fuera de balance. Si no eres financieramente estable, entonces no eres estable. El compromiso de mi mentor con su anhelo de libertad financiera fue la base para el resto de las libertades que se da.

En una ocasión, después de uno de mis seminarios, una señora enojada se me acercó y me acusó de promover el materialismo. Me dijo que yo estaba alentando a la gente a ignorar los elementos espirituales de la vida y que solo estaba a favor de materialismo. Entonces le pedí que me definiera lo que era para ella el materialismo y, como ella no pudo, yo le ofrecí mi propia definición. Le dije que el materialismo es la adoración de lo material. Es la firme creencia de que el máximo propósito de la vida no está en Dios, ni en nuestra familia, ni en ayudar a otras personas, sino en poseer cosas materiales.

Le expliqué que yo no estaba enseñando sobre el materialismo, ni defendiéndolo. Todo lo que estaba diciendo es que se pueden lograr grandes cosas sin tener un montón de pertenencias materiales que mostrar. Fui a decir que, para medir nuestro éxito, no necesitamos de toda la cantidad de cosas que poseemos. Las posesiones no nos hacen una gran persona, aunque ganar posesiones no está mal tampoco. Es lo que tú haces con las posesiones lo que en verdad importa.

Muchos disfrutan citando incorrectamente el versículo de la Biblia en 1 de Timoteo, 6:10. Les encanta utilizar la frase: "El dinero es la raíz de todo mal". Esta no es la cita real. El versículo en realidad dice: "El amor al dinero es la raíz de todos los males".

La Biblia también dice en Deuteronomio 8:18: "Acuérdate del Señor tu Dios, porque Él es el que te da la capacidad de producir riqueza, y así confirma Su pacto".

La Biblia está escrita con una integridad intrínseca. Eso significa que nunca se contradice a sí misma. Entonces, ¿cómo explicar estas dos afirmaciones? La respuesta es simple. El primer versículo en 1 Timoteo 6:10 se refiere a que cuando solo se piensa en el dinero, esa es una "raíz" que produce maldad. No es el dinero en sí el que produce el mal; se refiere al desequilibrio, al amor obsesivo por el dinero. Así que los versos no se contradicen en absoluto.

A veces las personas capaces de amasar una fortuna son criticadas solo porque tienen dinero. Y por lo general, esos críticos no son más que parásitos que consideran injusto que estos triunfadores tengan dinero y ellos no. Sin embargo, los parásitos no hacen nada para cambiar su situación. Quejarse y criticar no es una estrategia para llegar a tener riquezas.

Mi mentor fue incluso criticado por gastar millones de dólares para construir su cabaña de troncos. Pero él les dijo a sus críticos que, con el dinero que él se gastó en la construcción de la casa, les dio empleo a más de 100 personas durante 6 años. Ante esa realidad, sus críticos no tuvieron nada que agregar.

¿De dónde vino este tipo de pensamiento retorcido? ¿Cómo pasaron los héroes a convertirse en villanos castigados? Tengo una teoría que me gustaría compartir en el próximo capítulo.

Recuerda siempre:

Si quieres ser GRANDE, elige que adquirirás tu propia riqueza.

Capítulo 6

ELIGE EL CAPITALISMO DE LIBRE EMPRESA

LA MAYORÍA DE USTEDES RECONOCE el nombre de "Karl Marx". Marx es el Padre del Comunismo. Vivió de 1818 a 1883 y pasó la mayor parte de su vida adulta en Inglaterra. Era un amante esposo y padre que se preocupaba mucho por su familia. Pasaba la mayor parte de las horas de cada día en el Sala de Lectura del Museo Británico tratando de comprender la Historia de la Humanidad. Marx vivía fascinado con los escritos filosóficos de Friedrich Hegel.

Hegel enseñó una teoría llamada "Materialismo Dialéctico", la cual influenció fuertemente a Marx. El materialismo dialéctico propone que toda la Historia del ser humano se reduce al choque de fuerzas opuestas. Esta es la parte "dialéctica". Hegel pensaba que la Historia fue forzada por un movimiento en una dirección hasta que un movimiento opuesto, igualmente poderoso, lo enfrentó y lo detuvo. El resultado fue una "síntesis" creada por el choque de esos dos movimientos que, como resultado de esa lucha, fueron remplazados con un nuevo movimiento. Hegel creía que la Historia siempre se ha dado a través de este proceso continuo.

Friedrich Hegel también opinaba que este proceso continuo se guio por lo que él calificó como "el mundo de los espíritus del destino". Marx estaba de acuerdo con el concepto del choque, pero rechazó la idea del "mundo de los espíritus." Él vio el pensamiento de Hegel como una forma de entender su propio siglo. Marx estaba angustiado por la pobreza y el desconcierto, los cuales él creía que eran causados por el capitalismo y la Revolución Industrial Británica.

Él decidió que el movimiento del capitalismo estaba recibiendo la oposición de un movimiento mundial de trabajadores. Marx creía que esto inevitablemente produciría la síntesis de un nuevo movimiento que él llamó "comunismo", presentándolo como una solución a los problemas económicos del mundo.

Escribió que, si todos tuvieran igual cantidad de dinero y vivieran en un sistema donde todo el mundo recibiera todo por igual, entonces los conflictos más humanos desaparecerían. Él vio al "Estado" como el instrumento todopoderoso para hacer que todos se ajustaran al sistema.

Durante los primeros años del siglo XX el revolucionario ruso, Vladimir Lenin, le añadió una mezcla embriagadora de violencia y control al pensamiento de Marx. Cuando Marx creía que el desarrollo del comunismo mundial sería gradual e inevitable, Lenin creía que se necesitaban "revoluciones" para derrocar el capitalismo y la libre empresa. Según él, los verdaderos comunistas tenían el deber de crear esas revoluciones.

Existe una pieza más de este rompecabezas que explica la reacción negativa hacia el éxito y la riqueza que están creciendo en nuestra cultura. Se llama "socialismo fabiano".

En primer lugar, permítanme definir socialismo. En términos simples, el socialismo establece que el gobierno debe controlar todos los medios de producción, y por lo tanto va a determinar la distribución de todos los productos y la riqueza de sus ciudadanos. La riqueza no debe estar en manos de unos "pocos", aunque eso "pocos" en realidad se la hayan ganado. Si se genera riqueza, es la responsabilidad moral del gobierno tomarla (generalmente a través de los impuestos) y redistribuirla entre los que tienen menos dinero.

Los gobiernos socialistas creen que tienen el deber y el derecho de obligar a los "productores" para apoyar a los "parásitos". Karl Marx considera el socialismo como una etapa intermedia entre el capitalismo y el comunismo.

Aquí es donde "los fabianos" entran en escena. Ellos tomaron su nombre de un senador romano llamado Fabián, quien propuso que la república romana combatiera a su enemigo, Cartago, mediante infiltración e invasión camuflando las fuerzas "de su guerrilla".

Los socialistas fabianos eran originalmente un grupo de intelectuales en Inglaterra y los Estados Unidos que creía que ambas sociedades estarían mejor con la implantación del socialismo. Fue así como decidieron infiltrarse en las instituciones más influyentes de ambos países y gradualmente convertirlas en centros del cambio socialista. Este era una forma de "guerra de guerrillas" económica. Los socialistas fabianos estaban enfocados en las escuelas públicas, los colegios y universidades, los medios de comunicación y el gobierno.

Para entender mejor su enfoque, quiero contarte la historia de la rana en la olla. Si quieres cocinar una rana viva, necesitas calentar el agua poco a poco para que la rana no se dé cuenta que se está cocinando. Si elevas la temperatura demasiado rápido, la rana va a notar el cambio y saltar de la olla. Así que, para matarla, debes hacerlo gradualmente. Esto es en esencia el enfoque fabiano.

Aquellos que quieren infiltrarse y hacerse cargo de las instituciones de un país para propósitos socialistas son "fabianos".

Si quieres un modelo socialista en los Estados Unidos, se te considera un "fabiano". Si crees en la libertad individual para crear y mantener tu propia riqueza, entonces eres un defensor de la libre empresa y el capitalismo.

No pretendo hacer política ni estoy tratando de decirte cómo votar o qué creer. Lo que estoy diciendo es que, si quieres libertad de elegir tu propio rumbo, y si quieres una interferencia mínima en tus decisiones financieras, entonces el sistema de libre empresa apoya tu deseo; el modelo socialista no lo hace. Tú tienes la libertad de optar por apoyar a cualquiera de estas dos políticas. Solo quiero que sepas qué sistema es más favorable para lo que tú quieres. La realidad es que no se puede ser grande en el socialismo ni en el comunismo. Ambos sistemas te quitan tu libertad individual.

Lo que me gustaría que consideraras es la posibilidad de llegar a ser un subalterno que cumple su función en una maquinaria más grande y que solo se preocupa por el líder.

Por supuesto que el líder también tiene el poder para remplazar o cambiar la posición de los subalternos cuando sea necesario. Como dijo la difunta Margaret Thatcher: "Si el gobierno te da dinero (o una oportunidad, o cualquier otra cosa), también te los puede quitar". O también puedes decidir que quieres construir tu propia máquina; que quieres ser el propietario y también el líder; determinar tu propio futuro y ser grande. ¡Es tu elección!

Te estarás preguntando: "¿Qué pasa con la misericordia? ¿Qué pasa con la pobreza?"

Karl Marx y sus seguidores afirman que el socialismo es más sensible a los necesitados ya que provee para aquellos que están abajo en la escala económica. Básicamente, esta parece una posición moral. ¿Qué persona decente no querría darles ayuda a los necesitados? Mucha gente lo haría. Hasta yo mismo.

El socialismo no permite que esa sea solo una opción puesto que toma el dinero de los productores y lo redistribuye entre los que tienen menos. Pero esto hace que se les quite a las personas productivas su deseo de producir más, a medida que todo se les va quitando a medida que ellas producen. La propaganda falsa detrás del socialismo es que, en una sociedad moderna, nadie debe sufrir ni nadie debe ser rico. Todo el dinero se divide y es redistribuido por el gobierno.

Sin embargo, hay un gran problema con el socialismo: que no funciona. Incluso China, con un gobierno comunista, está adoptando el capitalismo de estilo occidental porque produce dinero. El enfoque comunista es un fracaso.

Nunca pude entender completamente por qué la gente piensa que la clave para ayudar a la gente es que solo se les entregue dinero. Se me ocurre solo una posible razón.

Creo que, simplemente, es más fácil que la gente regale dinero (o dejar que el gobierno lo haga por ellos a través de los impuestos). Algunas personas alivian su conciencia dándoles dinero a los necesitados y luego se olvidan de ellos. Sin embargo, eso no resuelve el problema.

No hay duda de que la mejor solución es dejar que la gente sea libre y participe en el sistema de la libre empresa sin necesidad de que exista una gran intrusión ni interferencia por parte del gobierno.

¿Recuerdas cómo eran tus reacciones cuando niño? Si tus padres hubieran hecho todo lo que estaba a su alcance por ti y te hubieran protegido de todas las consecuencias de tus decisiones, ¿en quién te habrías convertido? Si nunca hubieras tenido que hacer ningún trabajo y hubieras recibido solo atención y apoyo, ¿qué sería de ti hoy en día? Probablemente serías un adulto que no sabe cuidar de sí mismo. También habrías desarrollado una actitud de tener "derecho" a todo hasta convertirte en un parásito.

No es realista pensar que la mejor manera de colaborar con las circunstancias de una persona es solo mimándola. Lo ideal es ¡empoderarla! Esta sí es una ayuda que conduce a la grandeza.

Lionel Trilling, un crítico literario de la década de 1950, escribió en lo que respecta a la asistencia social que "alguna paradoja de nuestra naturaleza nos lleva —una vez que hemos hecho de nuestros semejantes los objetos de nuestro interés propio—, a pasar a hacerlos objeto de nuestra compasión; luego, de nuestra sabiduría; y en última instancia, de nuestra coerción. Es para evitar esta corrupción, la más irónica y trágica que el hombre conoce, que tenemos la necesidad del... realismo moral".

El realismo moral sirve para enseñarle al individuo a tomar la responsabilidad de su propia vida y para que aproveche sus propias oportunidades. El realismo moral contribuye a darle a la gente la libertad para luchar por su futuro y forjar su propio destino. No es para hacer que la gente llegue a ser tan dependiente en su gobierno que termine conformándose con una versión pequeña y débil de lo que hubiera podido llegar a ser.

¡La gente tiene que aprender a ser fuerte!

Si quieres ser GRANDE, elige vivir en un sistema capitalista.

Capítulo 7

ELIGE SER EL PROPIETARIO
ABSOLUTO DE TUS BIENES

TODO ÉXITO REQUIERE DE UN nivel especial de disciplina.

En 2012, la empresa Harris Interactive, Inc. fue contratada por la Fundación Nacional de Consejería de Crédito para llevar a cabo una "Encuesta de Alfabetización Financiera al Consumidor" para los consumidores estadounidenses.

Harris encontró que solo el 43% de los encuestados tiene un presupuesto financiero; que el 33% de los consumidores adultos no paga sus cuentas a tiempo y que el 39% no ha hecho ahorros para su jubilación. Al preguntarles a todos los participantes qué calificación se darían a sí mismos por su gestión financiera, el 42% dijo que debería recibir C, D o F y el 76% dijo que necesitaba ayuda en el tema del dinero y las cuentas por pagar.

Uno de los principios fundamentales de una base financiera eficaz es la "gratificación retrasada", que no es otra cosa que el acto de comprar algo solo cuando de verdad puedes permitirte el lujo de pagar por ello de inmediato. Necesitas disciplinarte para hacer compras con dinero en efectivo, que es como en realidad eres el verdadero propietario de lo que adquieres. El hecho de tener la propiedad de sus pertenencias es una de las características de los grandes triunfadores.

Cuando eres disciplinado, tienes la posibilidad de crear un plan maestro para alcanzar tu éxito. Si quieres tomar el control de tus circunstancias, debes ser disciplinado. La disciplina toma tus capacidades y recursos y los enfoca en una especie de fuerza tipo láser. Además, te permite superar las expectativas y sorprender a quienes no creen que tú eres capaz de alcanzar grandes logros.

Felix Dennis es un empresario británico exitoso. Él ha construido un imperio editorial bastante grande; su valor neto (a partir de este escrito) está llegando a los $1.000.000.000.

Su objetivo original era ser un guitarrista de rock, pero Mick Jagger le dijo que necesitaba encontrar otra carrera.

Dennis es un hombre de negocios astuto e inteligente que se guía por las que él llama "Las Reglas para Hacerse Rico". Una de sus reglas es saber que no siempre se tiene éxito con la mejor idea. Hay quienes creen que todo lo que necesitan para hacer dinero es hallar una gran idea o concepto de un producto excepcional. Es decir, es muy frecuente que existan personas que llegan a hacerse millonarias tomando una idea "escasamente buena", pero hacen todo lo posible para ejecutarla mejor que nadie. Organizan las cosas con excelencia y siguen adelante mejor que sus competidores. Entregan a tiempo, mientras que su competencia se tarda. Se encargan de mejorar su servicio mientras que sus competidores se quejan de tener clientes pésimos. Esta clase de emprendedores es, en términos simples, más disciplinada que la mayoría de los otros en su campo.

Es obvio que no es posible desde ningún punto de vista ser a la vez una pobre víctima, ir maltratado por la vida y al mismo tiempo un optimista, artista audaz y disciplinado. Las dos identidades son incompatibles. Tienes que elegir una o la otra.

Tengo un amigo cercano que se graduó de la Secundaria y decidió no asistir a la universidad. Él decidió trabajar duro y construir su negocio. Fue positivo e imparable. Hoy en día, es muy rico y lleva una vida mejor de la que jamás podría haber imaginado. Una vez le pregunté qué lo distinguía de su competencia. Me contestó que sabía que muchos de sus competidores eran más inteligentes y mejor educados que él, que era probable que tuvieran mayor capital de inversión que él para iniciar sus negocios, y hasta una mejor red de amigos. Sin embargo, me aseguró que había algo en lo que él sabía que era mejor que nadie: en su capacidad de trabajo. Nadie superaba su compromiso y deseo de triunfar. Mi amigo me dijo que, sin importar lo que la competencia estuviera haciendo, él sabía que en algún momento los superaría y marcaría la diferencia. Él es la prueba viviente del poder de la autodisciplina como combustible para alcanzar todo lo que te propongas en la vida.

Hace poco hablé con alguien que trató de deslumbrarme con sus metas y sueños. Él tenía una lista de experiencias y posesiones que, según su opinión, él "tenía que tener" algún día. Yo lo animé a seguir sus deseos, todos los cuales parecían estar bien, pero le pregunté cómo pensaba obtenerlo todo aquello. El hombre pareció desconcertado y respondió que lo averiguaría a medida que avanzaba. Yo insistí y le pedí una vez más que pensara de qué manera conseguiría el dinero que necesitaría para financiarse. Entonces él comenzó a sentirse frustrado y adujo que el dinero era solo un detalle menor, así que tuve que recordarle que, sin ese "pequeño detalle", estaría perdido. Definitivamente, este soñador no llegaría a ninguna parte. Su lista era inútil sin los medios para activarla.

En últimas, nuestra conversación hizo que el joven se sentara a establecer metas específicas y a hacer la lista de sus "anhelos". Como ya he dicho, yo lo animé, pero sin duda él había dejado por fuera un aspecto fundamental: no saber cómo financiar sus sueños.

Sigue siempre un principio simple...

Identifica tu objetivo principal y luego determina todo lo necesario para alcanzarlo.

Esta es la fórmula que le enseñé a aquel hombre:

$$M + D = R$$

Significa:

METAS + DINERO = RESULTADOS

También existe una fórmula secundaria que necesitas saber:

$$M + TA = R$$

METAS + TRABAJO ARDUO = RESULTADOS

La variación consiste en que puedes empezar tu negocio sin un capital, pero invirtiendo tu propio trabajo hasta adquirir el dinero suficiente para obtener los resultados que deseas.

Cuando sabes lo que quieres y por qué, estás listo para preguntarte qué es lo que necesitas para crear el resultado que estás buscando. Es así de simple.

La autodisciplina te abre la puerta a la libertad de tener algo que sea de tu propiedad. Todos mis amigos ricos están de acuerdo en la prioridad de tener algo propio. Según la lista *Forbes 400* de los estadounidenses más ricos, la gran mayoría de ellos ha creado su riqueza gracias a tener y operar su negocio propio.

Uno de los miembros de la lista *Forbes 400* es Rich De-Vos. Él y su mejor amigo Jay Van Andel demostraron fuertes instintos empresariales desde temprano en la vida. Ellos no provenían de familias adineradas ni heredaron ningún negocio. Lo único que tenían era el hambre y los deseos de triunfar que los hicieron construir numerosas empresas hasta que con el tiempo se convirtieron en distribuidores de unas vitaminas llamadas Nutrilite.

Poco después comenzaron una empresa para manufacturar y distribuir sus propios productos. La llamaron *The American Way Corporation*. Y el resto es historia.

Jay Van Andel ya no está con nosotros, pero Rich De-Vos sigue promocionando su oportunidad de negocio y es miembro de la "lista exclusiva de billonarios" de *Forbes*. La compañía que él cofundó con poco más que una visión y una fuerte ética de trabajo se ha convertido en un éxito multinacional de miles de millones de dólares. Tú la conoces: es *Amway*.

Uno de los atractivos de los Estados Unidos ha sido siempre la libertad para poseer un negocio. Este es un país cuyo entorno no es excesivo en su regulación gubernamental y no presenta los obstáculos propios de los altos impuestos, hechos que lo han convertido en terreno fértil para lograr libertad y prosperidad.

Cuando te enfocas en ser dueño de un negocio, esta idea influye en todas tus decisiones financieras porque vas a empezar a mirar cada oportunidad y cada gasto desde la perspectiva de un propietario. Si decides comprar un coche, preferirás esperar, guardar tu dinero y pagarlo en efectivo porque esa es la única manera en que puede ser verdaderamente tu propiedad. Cuando pides prestado dinero para comprártelo, en esencia, lo que estás es alquilándolo. Si dudas de lo que te estoy diciendo, deja de hacer los pagos y verás qué pasa. Se hará evidente quién es realmente el dueño del coche.

La propiedad es una forma de control. La Biblia dice en Proverbios 22: 7 que "el que toma prestado es siervo del que presta".

Echemos un vistazo a un gran ejemplo de este concepto:

El magnate de alta gama en el campo de bienes raíces, Donald Trump, experimentó quiebras en 1992, 2004 y 2009. Después de la primera quiebra en 1992 (toma este como una referencia previa al tema a tratar en el Capítulo 11), Trump se quedó con casi $900 millones de dólares en deudas personales y $3.5 billones de dólares de deuda empresarial. En 1994, Trump había logrado recuperarse y quitarse de encima las deudas, tanto personales como las de negocios. Pero, por lo que más luchó durante esas tres situaciones de quiebra fue por conservar la propiedad de muchos de sus bienes, tanto como le fuera posible. Cuando fue puesto en un programa de limitación y control por parte de un grupo de bancos al que le debía dinero, él se comprometió a recuperar su libertad financiera, y lo hizo. Trump siempre ha reconocido sabiamente el poder de tener propiedades.

Te estarás cuestionando acerca de las personas que caen por debajo de estos niveles de éxito. ¿Te hará falta compasión por no optar por compartir tus ingresos tan duramente ganados con ellas?

La historiadora Gertrude Himmelfarb, en su libro *Poverty and Compassion*, opina que los pobres de la Inglaterra victoriana y los Estados Unidos fueron mejor servidos por la caridad de ciertos individuos y de la Iglesia que por los programas de gobierno. Ella afirma que las instituciones de beneficencia de la época estaban mucho más en contacto con la gente y más profundamente conectadas a sus vidas. Los individuos y las organizaciones de la comunidad local estaban involucrados, no solo en dar, sino también en proveer formación y en hacerles seguimiento a las personas a las cuales ayudaban. Himmelfarb sostiene que, cuando la gente de carne y hueso es la que directamente le ayuda a quienes lo necesitan, es posible erradicar la mentalidad de pobreza.

Los victorianos vivían comprometidos con elevar a los necesitados al nivel de la dignidad humana. Ellos les ayudaban a las personas a lograr su respetabilidad llevándolas a circunstancias en las que ellas aprendieran a respetarse a sí mismas, así como a ganarse el respeto de la sociedad que las rodeaba. No hay dignidad en medio del "estado de bienestar" en que estamos viviendo actualmente. Los victorianos creían, con razón, que la dignidad es imposible de lograr sin no existe el respeto propio.

Permíteme poner todo esto en perspectiva:

Crecí en la región de Cumberland de las Montañas Apalaches de Kentucky. Me crie en medio de una familia estrechamente unida. Mis dos abuelos murieron antes de llegar a conocerlos, pero desarrollé una fuerte relación con mis dos abuelas.

Ellas eran independientes y tenían total propiedad de sus casas. Se preocupaban por ellas y continuamente trabajaban para mejorarlas. Mi abuela Lafferty hasta revisaba su terreno cada mañana para asegurarse de limpiar los desechos del día anterior.

Las dos casas tenían porches y ellas los limpiaban a diario. Una vez, cuando una de mis abuelas me pidió que le ayudara en el patio, me quejé y le dije que no tenía tiempo para eso. Ella me respondió que una persona tiene que tener siempre tiempo para cuidar lo que posee. Luego continuó diciendo que la apariencia de las posesiones es el reflejo del carácter de su dueño.

Esta actitud era típica de los dueños de las casas en el área en que crecí (y donde todavía resido). No había basura en las calles, ni había ningún arbusto descuidado. Todas las casas estaban en excelentes condiciones, bien reparadas.

Pero en 1965, todo cambió. El gobierno federal inició un programa de bienestar para proporcionarles asistencia social a los ciudadanos que calificaran para recibirla.

En poco más de un año, un cambio dramático se extendió por mi región. Se le comenzó a adjudicar vivienda de interés social y dinero gratis a la gente que demostrara que necesitaba esta clase de ayudas. Esto hizo que pronto los trabajos de baja remuneración se quedaran sin quienes los hicieran porque los aportes de dinero del bienestar social del gobierno a menudo excedían a los salarios que ofrecía esta clase de empleos. Y como el dinero del bienestar estaba garantizado, no había motivación para trabajar. Una actitud de derecho se extendió por la zona.

Estoy seguro de que algunas personas necesitaban legítima ayuda, pero al mismo tiempo, el daño que se les hizo a los adultos que aprendieron a utilizar este sistema de bienestar fue irreparable.

En cuestión de dos años, toda el área se veía diferente. Había montones de basura en lotes abandonados, basura acumulada en frente de los edificios vacíos, y hasta hubo un cambio en la gente. Muchos habían sido trabajadores productivos y puede que no ganaran una gran cantidad de dinero, pero generalmente eran capaces de mantener a sus familias. Pero, debido a la ayuda del bienestar social, se convirtieron en gente hosca y poco cooperativa. Evitaban trabajar y hubo quienes comenzaron a abusar de las drogas y el alcohol. Dejó de interesarles la posibilidad de capacitarse para conseguir un mejor empleo. No había dignidad propia por ningún lado.

Lo que la gente necesita para reconstruir su respetabilidad es tener oportunidades para salir adelante —no una limosna del gobierno.

Es crucial que continúes avanzando por un camino seguro hacia la riqueza y el éxito. El modelo de la libre empresa basado en la libertad personal, la oportunidad individual, bajos impuestos y una regulación gubernamental limitada y razonable, es históricamente el mejor modelo para alcanzar éxito y prosperidad.

Necesitarás bastante coraje para nadar contra la corriente actual y luchar por la libertad y la oportunidad individual. No hay duda de que eres capaz de superar los retos y tener éxito. Y hay millones de otras personas que también se han sentido inspiradas para hacer lo mismo. Así es como funciona verdaderamente el modelo de libertad.

Si quieres ser GRANDE, elige ejercer la autodisciplina para lograr ser el propietario absoluto de todo lo que tengas.

Capítulo 8

ELIGE TENER GRANDES SUEÑOS

MIS ABUELOS POR PARTE DE la familia "Ball" tuvieron un restaurante durante 30 años. Mi abuela era la cocinera y mi abuelo manejaba todo lo demás.

Cuando mi abuelo murió, mi abuela terminó vendiendo el restaurante. Pero, incluso después de haberlo vendido, a mi abuela le encantaba cocinar. Era innato en ella. Sus salsas y galletas caseras son las mejores que he comido hasta ahora. Cuando me quedaba con ella los sábados por la noche, recuerdo que hacía palomitas de maíz y horneaba el más delicioso pan de jengibre. Nos encantaba quedarnos despiertos hasta tarde comiendo y viendo la televisión.

Cuando era niño, mi programa de televisión favorito era *Chiller Theater*. Allí pasaban las viejas películas de terror en blanco y negro de 1930, 1940 y 1950. Por alguna razón desarrollé una extraña fascinación por los monstruos y quería ver cuanta película de terror antigua me fuera posible.

Mi película favorita era *El hombre lobo*. Me cautivó por la ferocidad y la fuerza pura de este monstruo. Vi vampiros, tarántulas gigantes, personas de piel de cocodrilo, robots locos y gorilas salvajes. El monstruo que me asustó más que nada fue el zombi. Había formas de protegerse de la mayoría de los monstruos (ajos, correr), pero el zombi era tan fuera de control e impredecible, que me ponía muy nervioso. La versión antigua de *Zombis* era diferente a las que se ven hoy en día. Los viejos zombis escolares eran lentos y tontos. En muchas películas, los zombis te seguían (muy lentamente) hasta que se encontraban con obstáculos como la arena movediza porque seguían caminando insensiblemente y caían en la trampa y se ahogaban.

Esta es una buena descripción para explicar cómo la mayoría de la gente se acerca al éxito: siendo insensible a los peligros que le rodea. Muchos son como los zombis no pensantes que acabo de describir; caminan sin percibir que se están hundiendo en las arenas movedizas de sus mal administradas finanzas.

Quiero que cambiemos de enfoque por un momento para contarte sobre un concepto que se llama "recortar los sueños". Así es como funciona:

En primer lugar, identificas un anhelo muy grande que desearías convertir en realidad y luego te imaginas cumpliéndolo. Vives y trabajas para alcanzar esa meta, pero entonces algo extraño sucede. Con el tiempo, debido a que aumentan tus responsabilidades para lograrla, empiezas a dudar de ella y cambias tu nivel de compromiso hacia tu deseo de seguir trabajando para alcanzarla. Entonces transfieres tu energía en simplemente lograr tu supervivencia. Por consiguiente, tu meta se hace más débil y ahora necesitas tomar una decisión: ¿seguir creyendo en ella o no comprometerte más y dedicarte a llevar una vida normal y limitante? Y si te comprometes, por lo general, comienzas a recortar partes de tu gran sueño inicial. Y en lugar de acondicionar tu vida para que se adapte a la grandeza de ese sueño, lo reduces a un tamaño más pequeño para que este se ajuste sin mayor esfuerzo al estilo de vida que llevas.

Tengo un amigo que es pastor bautista. Él ha sido una influencia estratégica en mi vida durante más de 35 años. Su nombre es Charles Stanley y es el pastor de la Primera Iglesia Bautista de Atlanta, Georgia. Cuando vivía en Atlanta, me gustaba pasar tiempo con el Dr. Stanley absorbiendo su sabiduría. Él me enseñó muchas cosas. Y una tuvo un impacto especialmente profundo dentro de mí. En una ocasión me miró a los ojos y me preguntó si yo quería vivir un estilo de vida "conformista". Me preguntó si yo estaba dispuesto a conformarme en lugar de luchar por lo mejor que Dios había planeado para mí.

Ahora que te he contado acerca de este estilo de vida "conformista", quiero explicarte cómo este está vinculado al hecho de "recortar los sueños".

Recortar tus sueños es el primer paso para llevar una vida "conformista" porque, en lugar de ampliar tus horizontes, acortas tus metas y haces que tus sueños sean más pequeños para que no sentirte mal con respecto a los límites reducidos que decidiste elegir.

Las finanzas son un área bastante propensa para recortar tus sueños. Al principio, te sientes entusiasmado con tu meta. Luego, caes en cuenta de la realidad y observas que requieres de dinero para obtener todo aquello que necesitas.

La mayoría de la gente decide que su sueño no vale la pena el esfuerzo y comienza a recortarlo.

Existen solo unos pocos luchadores que se deciden a tener sus metas bajo control y que incluso las mejoran porque quieren hacer algo que realmente marque la diferencia en sus vidas. Es más la cantidad de gente que cambia de opinión, por una multitud de razones, acerca de lo que en realidad quiere hacer. A quienes me refiero aquí es a todos aquellos que simplemente se rinden porque las cosas se ponen difíciles.

Quiero tomar un momento y contarte acerca de un historiador llamado David King. En 2008, King publicó un estudio de una famosa conferencia europea de paz realizada en el siglo 19. Dicha conferencia suponía poner fin a las guerras napoleónicas. El libro toma su título del año y la ubicación de la mencionada conferencia —*Viena 1814*.

Viena 1814 contiene docenas de descripciones vívidas de los líderes de la Europa de la época. Uno de los líderes más influyentes fue Napoleón.

King deja en claro que Napoleón fue la figura central del evento; sin embargo, nunca estuvo ni siquiera cerca al lugar. Napoleón no hizo ni una sola aparición puesto que, mientras que sus delegados estaban negociando por la paz en Europa, él estaba en el exilio, a siete millas de la costa de Italia en la isla de Elba.

Más de 1.000 soldados de la Marina Real y tres pequeñas embarcaciones lo vigilaban. ¿Por qué se requería una presencia militar de esa envergadura? King relata que todos los gobernantes y generales sabían que la audacia de Napoleón lo había convertido en un sujeto peligroso y poco confiable. Napoleón era valiente y disfrutaba de tomar grandes riesgos. Justo cuando sus enemigos pensaban estarse alejando de él, Napoleón conseguía atacarlos desde un ángulo inesperado para ellos.

Napoleón pudo haber visto su exilio en Elba como una manera de acortar su sueño y aceptar su posición disminuida como inevitable; quizás debió "conformarse" a vivir en Elba y renunciar a todas sus metas y sueños. Pero la Historia cuenta lo que en realidad sucedió.

Los delegados de la conferencia de paz de Viena eran inteligentes al temer la audacia de Napoleón puesto que logró escapar de su prisión en la isla y amenazó a Europa una vez más hasta ser derribado en Waterloo. Sin embargo, el victorioso comandante británico, el Duque de Wellington, dijo la famosa frase: "Aun así, estuvo cerca de lograrlo".

Tú tienes que decidir si tu sueño de libertad personal vale la pena un gran compromiso de tu parte. Necesitas decidir si lo recortarás o crecerás y serás más grande que nunca.

Recuerda que siempre hay una conexión entre dinero y estabilidad. Es posible que tenga sueños y aspiraciones importantes, pero siempre tendrás que pagar por ellos de una manera u otra.

Si quieres ser GRANDE, elige que soñarás grandes sueños.

Capítulo 9

ELIGE TENER
ESPÍRITU DE LUCHA

CADA PERSONA DE ÉXITO QUE conozco
ha enfrentado y vencido fracasos y oposición hasta convertirse en alguien grande.

Uno de mis amigos multimillonarios se declaró en quiebra en tres ocasiones. Otros han perdido todo su capital de
un solo golpe, mucho más dinero que el que la mayoría de
la gente gana en toda su vida. Son triunfadores que han tomado decisiones erradas y que contrataron a la gente equivocada. Lo que los hace diferentes por completo a la persona promedio es que ellos nunca aceptan la derrota como su
destino final. Jamás permiten que el fracaso defina quiénes
son ni hacia dónde se dirigen. Todos ven el fracaso como
una oportunidad formadora, aprenden las lecciones y pro-
siguen hacia adelante.

Cada uno de ellos decide tener un espíritu de lucha.

Para el caso…

El registro de fracaso de Abraham Lincoln fue asombroso:

- En 1831 perdió su trabajo.
- En 1832 fue derrotado en su candidatura por la Legislatura del Estado de Illinois.
- En 1833 fracasó en los negocios.
- En 1835 murió su novia.
- En 1836 tuvo un ataque de nervios.
- En 1838 fue derrotado en su intento por convertirse en el Presidente de la Cámara de Illinois.
- En 1843 fue derrotado en su nominación para ser parte del Congreso de los Estados Unidos.
- En 1848 volvió a perder en su reintento por una curul en el Congreso.
- En 1849 fue rechazado para ocupar un puesto de oficial.
- En 1854 fue derrotado en su candidatura para el Senado de Estados Unidos.
- En 1856 fue derrotado en su intento por la nominación vicepresidencial.
- En 1858 fue derrotado de nuevo en su candidatura para el Senado de EE.UU.

Pero… en 1860, con gran persistencia, finalmente ¡Abraham Lincoln se convirtió en el decimosexto Presidente de los Estados Unidos!

Los siguientes son algunos otros ejemplos de GRANDEZA:

Ulysses Grant falló en todos los negocios, pero fue un gran experto en pelear y ganar guerras.

Franklin Roosevelt acabó casi toda su herencia en un negocio que lo dejó en tal estado de pobreza que se dejó caer. Sin embargo, se convirtió en el único Presidente de los Estados Unidos que gobernó durante cuatro períodos.

Harry S. Truman, otro Presidente de Estados Unidos, fracasó de una manera tan drástica en el negocio de las ventas al por menor que necesitó la ayuda de suegra para que lo rescatara de la ruina.

En 1976, Ronald Reagan se jugó su carrera política cuando se dispuso a nominarse a la candidatura republicana lejos del entonces Presidente de Estados Unidos, Gerald Ford, y perdió. Todos los expertos políticos dijeron que estaba acabado. Y como es sabido, en 1980 Ronald Reagan se convirtió en Presidente de los Estados Unidos.

Steve Jobs fue despedido de su propia compañía Apple Computer en 1985. Sin embargo, ya se había recuperado en el año 1996.

Winston Churchill fue expulsado de un cargo público en desgracia. Sin embargo, llegó a ser el más destacado Primer Ministro de Gran Bretaña.

Donald Trump sobrevivió a una quiebra multimillonaria y se convirtió en uno de los hombres más ricos del mundo.

Jesucristo resucitó en la cruz.

La lección es simple:

¡El fracaso nunca es el final del camino!

A veces el ingrediente más importante para el éxito es "el coraje".

El 13 de junio de 1392 un hombre llamado Clisson dejó una fiesta adentrada la noche. Clisson era el Condestable de Francia. Su posición era similar a la de la Fiscalía General de Estados Unidos. Llevaba consigo una daga e iba acompañado por ocho asistentes desarmados.

Unos 40 hombres lo emboscaron. Todos estaban armados con cuchillos y espadas y tenían instrucciones explícitas de matarlo. Clisson recibió más de 60 heridas, pero se defendió con tanta furia que los atacantes se dieron a la fuga. Clisson se recuperó por completo. Luego se dedicó a perseguir a todos los responsables de su ataque.

Clisson vivió porque se negó a morir. ¡Sobrevivió a sus atacantes haciendo uso de todo su "coraje"!

Tú también puedes medir cuán fuerte eres por el nivel de lo que en verdad se necesita para asustarte o desalentarte. No permitas que nada te detenga. El "coraje" triunfa donde falla talento.

Nunca le tengas miedo a nadie. Aprende a animarte frente a la batalla. Sé más fuerte que tu oposición. Juega para ganar.

Tengo un amigo que es excepcionalmente exitoso en su negocio. Él está 100% comprometido con su éxito.

En una ocasión, mi amigo programó tres reuniones diferentes en dos Estados, solo para poder presentarles su negocio a algunos clientes potenciales. Condujo 10 horas hasta el lugar donde sería la primera reunión. Llegó lleno de entusiasmo y pacientemente esperó a todos sus invitados. Nadie se apareció. Se montó de nuevo en su carro y condujo durante 8 horas rumbo a la segunda reunión. Una vez más, nadie apareció.

Mi amigo decidió descansar durante unas horas.

Luego condujo hasta su tercera reunión. ¿Y adivina qué pasó? Tampoco nadie se presentó.

Antes de volver a casa, llamó a su esposa y ella le preguntó cómo le había ido en sus reuniones. Él le respondió que el viaje había sido una gran experiencia. Mi amigo afirma que aprendió lecciones muy valiosas sobre la programación de reuniones y cómo hacer presentaciones exitosas.

Cuando regresó a su casa a Tennessee estaba más entusiasmado con su negocio que antes de irse. Convirtió lo que la mayoría de la gente habría tomado como algo negativo, en una experiencia positiva. Mi amigo aprendió lecciones valiosas; lecciones que no habría aprendido si todos sus invitados se hubieran presentado. Mi amigo es una persona con mucho coraje, por eso es tan exitoso.

Para ser un éxito tienes que estar dispuesto a luchar muchas batallas.

Quiero tomar un momento para hacer un comentario sobre el Dr. Louis Janda.

El Dr. Janda es Profesor de Sicología de la Universidad de Virginia. En una ocasión me compartió una historia acerca de una de sus estudiantes favoritas. Me contó que, justo antes de la ceremonia de graduación, le preguntó sobre lo que ella quería hacer después que terminara la universidad. Ella le dijo que su objetivo era la construcción de la mayor empresa de bienes raíces en el Estado de Virginia.

El Dr. Janda estaba seguro de que ella tendría éxito.

Unos meses más tarde, se encontró con ella por casualidad y le preguntó cómo iba su plan. Ella le dijo que estaba obligada por ley a presentar un examen para obtener su licencia de bienes raíces y que, lamentablemente, no pasó el examen. Sin embargo, ese no era un gran obstáculo para ella puesto que iba a tomar el examen de nuevo en un año.

El Dr. Janda la vio un año más tarde y lo primero que volvió a preguntarle fue si había tomado el examen de nuevo. Ella le dijo: "Sí." Desafortunadamente tampoco lo pasé. Él le preguntó si se sentía desanimada. Ella le respondió: "Por supuesto que no, voy a tomarlo de nuevo el próximo año, voy a pasarlo y a cumplir mi sueño".

Al año siguiente volvieron a hablar y una vez más él le preguntó si ya había aprobado el examen. Ella sonrió de oreja a oreja y le dijo: "Sí, lo hice y ahora estoy lanzando mi nueva empresa".

El Dr. Janda culminó su historia diciendo que la determinación de su exestudiante fue tan poderosa que en poco tiempo subió como un cohete y construyó el mayor negocio de bienes raíces del Estado de Virginia.

¿Cómo sucedió esto? Ella fue más fuerte que lo que sus circunstancias trataron de imponerle.

Aquí está la lección para ti:

Los grandes resultados suelen no ser fáciles de producir.

Sin embargo...

¡Grandes recompensas les esperan a aquellos que son lo suficientemente fuertes como para vencer los obstáculos y avanzar hacia sus metas!

Si quieres ser GRANDE, es absolutamente necesario que elijas tener un espíritu de lucha.

Capítulo 10

ELIGE TENER ACTITUD MENTAL POSITIVA

ACABABA DE HABLARLES DE DESARROLLO personal a más de 1.000 personas.

Cuando bajé del escenario, un joven se me acercó. Era alto, bien vestido, centrado y muy atento. Me detuvo porque quería expresarme su agradecimiento por el seminario.

Durante la conversación le pregunté sobre el tamaño y nivel de crecimiento de su negocio. Él sonrió y me dijo: "Tengo un gran potencial". Yo también sonreí y le pregunté de nuevo sobre el estado de su negocio. Él me dio la misma respuesta y además añadió que todos sus amigos estaban de acuerdo en que él tenía un gran potencial. Insistí en preguntarle sobre el estado de su negocio una vez más. Cuando empezó a darme la misma respuesta, lo interrumpí y le pregunté si su negocio en realidad estaba creciendo. Su sonrisa se desvaneció y al fin admitió que su negocio no estaba creciendo. Luego volvió a sonreír y dijo: "Pero tengo un gran potencial". Entonces le dije que no es posible comer potencial, ni utilizarlo para pagar las cuentas. Le hice ver que en algún momento tendría que cambiar su "potencial" por "acción".

El Dr. Kenneth Christian, en su libro *Your Own Worst Enemy*, describe a las personas que él llama, "perdedores con alto potencial", o "PsCAP." El Dr. Christian escribe: "Los hábitos autodestructivos junto con las expectativas y los esfuerzos mediocres en cuanto al cumplimiento de objetivos son bastante comunes. Existen decenas de millones de bailarines que no bailan; escritores que no escriben; atletas que no dejan de fumar y gente con talento que no hace nada con él. Los perdedores con alto potencial para triunfar están en todos lados. En salas de juntas, en los dormitorios, en los salones y en los campos deportivos de, incluso, las Escuelas de Medicina; en cada grupo de edad, en toda actividad humana, en cada grupo racial, étnico y socioeconómico las personas tienden a lograr menos de lo que podrían o abandonan lo que en realidad quieren hacer".

¿Qué pasa contigo? ¿Eres tú un "perdedor con alto potencial para triunfar"? ¿Estás viviendo con tu potencial inactivo y con la esperanza de que algún día harás un gran avance que lo cambiará todo? ¿Sigues esperando?

Yo fui apadrinado por muchas personas de éxito. Considero que todos y cada uno de estos individuos son bendiciones en mi vida y estoy agradecido todos los días por ellos.

Uno de mis mentores construyó un negocio internacional por valor de cientos de millones de dólares, desde sus humildes comienzos en un callejón. Estaba cerca a cumplir sus 30 años de edad, tenía una esposa y niños pequeños cuando descubrió una oportunidad de negocio. La trabajó con tanta pasión y compromiso que llegó a estar libre de deudas y financieramente independiente en menos de 10 años.

He pasado varias horas conversando con él, sondeando al máximo sobre su opinión acerca de los verdaderos secretos del éxito. Y entre los muchos principios que él me compartió está el hecho invariable de que es necesario que sepas si en verdad quieres tener la oportunidad de conseguir lo que quieres.

¡Tú no eres una víctima!

Crecí en los yacimientos de carbón de los Apalaches en las montañas del Este de Kentucky.

Mi abuelo materno se inició trabajando en las minas, pero quería lograr metas más altas así que pidió dinero prestado, compró un coche, lo convirtió en un servicio de taxi, administró una pequeña granja e incluso fue maestro de escuela. Y como todo eso no era suficiente, estudió poco a poco en la universidad, al mismo tiempo que sostenía a su familia.

Una vez que completó su licenciatura se inscribió en una pequeña universidad, a dos horas de distancia, para obtener su Maestría en Educación. Él fue el primer hombre en la historia de la provincia que logró un título académico tan avanzado. Por desgracia, murió a los 46 años de una enfermedad cardíaca.

Después de que mi abuelo falleció, mi abuela se preparó y recibió un nombramiento como gestora de correo rural.

Sin embargo, ella no tenía una licencia de conducir (ni nunca recibió una), por lo tanto contrató unos conductores para darle servicio a la ruta bajo su gestión. La operación funcionó tan bien, que con ese trabajo se las ingenió para mantener a sus hijos. Y lo hizo con tan solo un nivel de educación secundaria, sin estudiar en la universidad.

Según los estándares "terapéuticos" de hoy en día, cada uno de mis abuelos tenía sobrados motivos para echar mano de la "victimización" en su perspectiva sobre la vida. Ellos podrían haber creído que su situación era tan injusta que no sobrevivirían sin una ayuda externa significativa. Mis abuelos vivían en una región subdesarrollada y comenzaron con poca o ninguna educación. Su primera fuente de ingresos era una industria minera plagada de corrupción y peligro.

Yo no tengo ningún recuerdo de mi abuelo pues murió justo después de mi primer cumpleaños, pero he oído historias sobre cómo mecía mi cuna con su bastón y oraba por mí.

Sin embargo, sí recuerdo a mi abuela. Ella estuvo presente en mi vida de una manera muy activa hasta que estuve en mis 40. La recuerdo como una de las personas más felices que he conocido. Ella se dedicó a su iglesia bautista de libre albedrío. Sus nietos la visitábamos a diario. Ella, incluso secretamente, nos daba pequeños regalos a todos y cada uno de nosotros. Una vez, cuando le pregunté acerca de todas las luchas que experimentó (la pérdida de su marido y su hijo amado, entre otras), me aseguró que su vida era maravillosa. Le pregunté: "¿No fue difícil?" Ella se rio y dijo: "Que fuera difícil era algo tan normal, que no importaba". Confiaba en Dios, mantenía una gran actitud y siempre esperaba en Él. Mi abuela murió a los 89 años, rodeada de sus seres queridos. Y a pesar de todas las circunstancias, ella nunca se consideró a sí misma como una víctima.

Cuando mi hija Allison tenía 8 años de edad la retamos a empezar a ganar sus propios ingresos. Uno de mis mentores de negocios me instó a dejar de darle dinero para sus pequeños gastos y ver si ella estaría motivada para ganarlo por su cuenta. Su reacción inicial no fue demasiado buena. Argumentó y lloró. Sin embargo, nos mantuvimos firmes. Después de un mes, decidió convertirse en empresaria y comenzó a hornear y vender galletas. Luego, escribió y publicó un periódico sobre nuestro vecindario y se lo vendía puerta a puerta, en especial a los vecinos sobre quienes, de manera estratégica, había escrito artículos.

Una de nuestras reglas era que ella misma tenía que buscar ideas para generar dinero y ganárselo por sí misma.

Su idea más novedosa surgió justo después de su noveno cumpleaños y se convirtió en su mayor éxito. Decidió diseñar y vender "lápices positivos". Su idea era imprimir citas de motivación populares en lápices No. 2 y vendérselos a la gente en mis seminarios. Allison compró lápices al por mayor con las ganancias de sus otros negocios. Los vendía durante mis seminarios ubicándose en el fondo de la sala, junto a mis libros y audios. Para que esto fuera aún más real para ella, decidí cobrarle una pequeña cuota de "alquiler" por utilizar una sección de mi mesa, la cual se deducía de sus ingresos.

Cuando Allison fue a la universidad obtuvo el dinero suficiente para pagar la mayor parte de su matrícula universitaria. Después de que se graduó de la Facultad de Derecho de la Universidad de Kentucky, le vendió su negocio de lápices a su hermano Jonathan, quien estaba en la Escuela Media. Jonathan trabajó duro durante dos años para comprarle el negocio. Hoy en día, él lo administra, junto con otros dos negocios. Mis abuelos estarían orgullosos de mis dos hijos, si estuvieran vivos hoy.

Allison (después de la edad de 8 años) y Jonathan crecieron sin necesidad de darles dinero extra y todavía no se han sentido como unas víctimas. Ellos buscaron oportunidades para ganar dinero.

Quiero tomar un momento y contar la historia de los dos "Leos".

En la actualidad soy miembro de la junta directiva de una importante universidad. Un día, un compañero de la junta me contó la historia de su padre, llamado Leo, y su amigo y vecino, también llamado Leo. Ambos poseían pequeñas granjas en Wisconsin.

Su padre acostumbraba levantarse antes del amanecer para ordeñar las vacas. Él organizaba y trabajaba la granja seis días a la semana, y además se encargaba de las cuentas. Leo era muy disciplinado y cauteloso para hacer sus cosas. Como resultado, su granja era muy rentable; tanto es así, que logró asegurar el futuro de su familia.

Ahora vamos a hablar de Leo, el vecino.

Leo, el vecino, operaba una granja en la misma carretera rural que el padre de mi compañero de la junta. Los dos eran amigos desde hacía mucho tiempo. Leo se levantaba antes del amanecer para ordeñar las vacas. Organizaba y trabajaba en la granja seis días a la semana. Sin embargo,

Leo, el vecino, terminó perdiendo su granja en manos de algunos prestamistas.

Habrás notado que la mayoría de lo que los dos granjeros hacían era idéntico. Los dos realizaban el mismo trabajo, de la misma manera y durante la misma cantidad de días. Tenían ganado y cultivos similares. Así que ¿por qué uno solo tuvo éxito, mientras que el otro, no? Le hice a mi amigo la misma pregunta. Su respuesta tiene implicaciones de gran éxito cuando realmente la entiendes.

Su padre hizo todo con una actitud mental muy positiva. Mi amigo afirma que no tiene memoria de que su padre se quejara de nada. Por el contrario, dice que él le expresaba constantemente su gratitud a Dios por su granja y por todas las oportunidades que le daba. Estaba agradecido de que tenía vacas a las cuales ordeñar y cultivos que trabajar, y se maravillaba ante el hecho de que él produjera tanto gracias a sus esfuerzos.

En cambio su vecino vivía en marcado contraste con su padre. Él siempre se quejó y constantemente se sentía irritado de tener que levantarse temprano para ordeñar las vacas. También se quejaba acerca de las responsabilidades de ser dueño de una granja. Su actitud mental negativa finalmente envenenó su vida y su negocio hasta que lo perdió todo.

El lápiz más popular en las ventas de mi hija era el que llevaba escrito el lema: "La actitud lo es todo". Leo, el vecino, quizás nunca aprendió esta lección.

Si quieres ser GRANDE, ¡elige tener una actitud mental positiva!

Elige aceptar el 100% de responsabilidad sobre tu vida

Cuando te permites convertirte en una víctima, siempre hallas alguien a tu alrededor a quien culpar puesto que necesitas a alguien más para acusarlo de mantenerte oprimido y de robarte oportunidades. Los blancos más fáciles son siempre aquellos que han logrado más que tú o que están clasificados como "ricos".

En 2005, el Norte de Angola experimentó un brote severo de la "enfermedad de mono verde", también conocida como Fiebre hemorrágica de Marburgo. Más de 300 personas tuvieron muertes horribles. Incluso con tratamiento, el 90% de las personas con la enfermedad murió. La única esperanza era un antídoto que fue enviado a los hospitales locales. Cuando los profesionales de la salud trataron de administrar la cura, fueron atacados y apedreados. ¿Por qué? Debido a que la población local había visto a tantos de sus amigos y parientes ingresar a los hospitales y no regresar con vida, muchos llegaron automáticamente a la conclusión de que los hospitales eran el verdadero problema. Ellos creían que era el personal médico el que estaba haciendo la matanza, —y no la enfermedad.

Esto es lo mismo que echarles la culpa de tus dificultades económicas a los "ricos" que supuestamente están tomando demasiado para sí y te mantienen oprimido. Creer que el mundo estaría mejor si los ricos tuvieran menos es tan equivocado como la idea que los angoleños tenían sobre el personal médico. Los angoleños no tomaron el 100% de responsabilidad sobre sus vidas.

El encuestador Scott Rasmussen estima que si toda la riqueza (dinero en efectivo, bienes raíces, joyas, etc.) de los que tienen un patrimonio neto de $ 1.000.000 de dólares o más, fuera confiscada por el gobierno federal de los Estados Unidos, la economía del país saldría a flote en menos de dos meses.

Ahora, hay otra manera de ver esto:

The Economist, una publicación británica, dice que la mejor manera para que un país se levante y salga de la pobreza es convirtiendo en héroes a sus exitosos y adinerados productores y seguir su ejemplo.

Ahora, como ya he mencionado anteriormente, el historiador David McClelland afirma que una de las razones por las que los Estados Unidos es un país que se convirtió en el campo más fenomenal como generador de riqueza personal en la Historia se debe a que los empresarios de éxito eran vistos como modelos positivos a seguir.

Como recordarás, la investigación de McClelland se basó en un estudio de los libros de literatura de los niños estadounidenses desde 1800 hasta 1950. El estudio reveló que hay en ellos una serie incesante de líderes empresariales y creadores de riqueza que fueron presentados como modelos a seguir. No es ninguna sorpresa que los niños que crecieron en los Estados Unidos entre 1800 y 1950 generaran una abundancia de riqueza y éxito. Los modelos de conducta que ellos aprendieron los inspiraron a ello.

Mi esposa Amy tuvo un encuentro en una peluquería que ilustra este principio.

La estilista de Amy estaba trabajando en su pelo. De repente, su hija de 16 años de edad irrumpió en el salón, totalmente molesta por algo. Interrumpió a todos y les exigió su atención. Cuando ya se calmó les contó a quienes allí se encontraban que se sentía muy disgustada porque había decidido comprar su propio carro, para lo cual solicitó un trabajo en un restaurante local de McDonalds. Cuando le informaron que tenía el empleo y comenzaría el viernes con el salario mínimo que incluía el descuento por concepto de impuestos, explotó indignada. Ahora la chica se encontraba en el lugar de trabajo de su madre, quejándose amargamente de que su vida era injusta porque había llegado a la conclusión de que sus ingresos, después de la deducción de impuestos de McDonalds, eran muy bajos y contribuirían muy poco para comprarse el carro que ella quería tener de inmediato. Cuando la estilista de Amy intentó razonar con su hija, la chica solo siguió quejándose acerca de lo injusta que era su vida.

Esta adolescente no irá muy lejos hasta que cambie de actitud y tome el 100% de responsabilidad por su vida. Hizo caso omiso de lo que su interrupción, su comportamiento egoísta e indisciplina provocaron en su trabajadora mamá, sin ser consciente de una de las leyes básicas de la economía: que te pagan en proporción al valor que eres capaz de proporcionarle a tu empleador. Esta chica no tenía habilidades comerciales ni formación. Le iban a pagar por lo que ella valía para la empresa, que no era mucho. Esto no quiere decir que ella no tuviera valor como ser humano. Lo que significa es que el valor que podía aportarle a McDonalds era muy limitado y por lo tanto su trabajo no valía mucho.

Si quieres ser GRANDE, elige tomar el 100% de responsabilidad por todo lo que te sucede en todas las áreas de tu vida.

Capítulo 12

ELIGE PREOCUPARTE
POR LOS DEMÁS

UNO DE MIS MENTORES SOLÍA preguntarme al inicio de cada conversación si yo quería entender la raíz de aquello sobre lo cual conversaríamos en particular. Yo siempre le respondía: "¡Sí!".

Entonces él comenzaba a sondear en las profundidades del tema y a ese proceso le llamaba el acto de "pelar la cebolla". A medida que buscábamos las raíces del asunto en cuestión siempre me sorprendía de lo que me había perdido desde el comienzo del razonamiento. Y al cavar más profundo, la raíz emergería hasta que yo llegaba al momento justo de decir: "¡AJÁ!". Todo quedaba claro y me maravillaba al comprender las verdaderas razones del porqué algo había ocurrido de la manera específica en que ocurrió.

Eso es lo que quiero hacer ahora contigo. Quiero ayudarte a desenterrar las raíces de tus comportamientos para que veas por qué razones haces lo que haces. Es importante entender por qué te encuentras en este lugar actual en tu vida. Para ello voy a exponerte el perfil de nuestra cultura actual. Observa si te reconoces a ti mismo o a alguien más.

Algo de lo que quiero asegurarme que entiendas antes de que vayamos más lejos, es decirte que, cuando descubres una raíz, puedes entender cómo se produce su fruto. Si tú estás hablando en serio sobre tu éxito y tu realización personal, entonces abre tu mente y descubre las raíces de por qué algunas personas avanzan a gran velocidad y con gracia mientras que otras terminan desviadas de sus metas y con las manos vacías.

Este será un curso acelerado sobre la actitud necesaria para alcanzar el verdadero éxito y cómo hacerlo duradero. Cuando tú entiendas la importancia de estos ajustes de actitud, sabrás destacarte entre la multitud y comenzarás a exhibir los rasgos de un líder. Los empleadores y los mentores se sentirán atraídos por ti. Serás aún más especial y ese será el inicio de una vida productiva.

¿Estás listo? ¡Aquí vamos!

Jillian Strauss era la asistente de programación del *Show de Oprah Winfrey* cuando estaba acercándose a sus 30 años de edad.

Entonces decidió crear un perfil de su generación como grupo así que durante dos años hizo un estudio de hombres y mujeres que tuvieran alrededor de su misma edad con el propósito de poder entender mejor el enfoque de su generación respecto a la vida.

Jillian viajó por todos los Estados Unidos y entrevistó a cientos de personas de su generación.

En el análisis final llegó a algunas conclusiones muy interesantes sobre los patrones de conducta que observó durante el proceso.

Su lista comenzó con lo que ella llama el "culto al yo". Su investigación reveló un egoísmo profundo en el corazón de muchos adultos jóvenes. Todos se centran en torno a sí mismos, y solo en ellos. Observó que el individuo de su generación ve a las demás personas solo como extensiones de él mismo. Déjame darte un ejemplo rápido de esta afirmación.

Estaba leyendo la carta de postres en un pequeño restaurante y de repente me di cuenta de que había tres postres de chocolate diferentes. Como el chocolate es mi sabor favorito, le pedí al mesero que me recomendara qué elegir. Él arrugó la nariz y me dijo que no le gustaba el chocolate y que no podía sugerirme ninguno de los tres postres.

A continuación, comenzó a darme una explicación de dos minutos acerca de por qué le parecía que el chocolate era tan poco atractivo. Si yo hubiera sido su empleador, lo habría despedido en el acto por desalentar a un cliente dispuesto a comprar un postre rentable para el negocio.

Ahora, vamos a pensar en lo que pasó.

¿Por qué crees que él mesero respondió de esa manera? ¿De verdad él creyó que yo había llegado al restaurante para averiguar lo que él pensaba sobre el chocolate? ¿Me importaba acaso? Él respondió de esa manera porque estaba viendo el mundo únicamente a través de sus propios ojos. En lugar de verse a sí mismo como un servidor cuidando de mí y de lo que quiero como cliente, este mesero optó por aleccionarme sobre la base de sus opiniones personales.

Tuve una experiencia similar cuando salí de una tienda de artículos deportivos. Justo cuando estaba feliz pagando por una camisa, el cajero decidió que era su deber decirme que le gustaba otro color mucho mejor. Salí de la tienda preguntándome por qué él sintió la necesidad de destrozar mi elección cuando, en primer lugar, yo ni siquiera le pedí su opinión.

Aquí va otro buen ejemplo de esto...

Estaba pagándole a un cajero mi entrada a cine y mientras estaba en la caja registradora, el cajero decidió darme su opinión negativa de la película. ¿Por qué en el mundo iba a decirme lo mala que es una película que yo quiero ver? ¿Por qué iba a arriesgar que yo me alejara de allí y no le realizara ninguna compra al lugar donde él trabaja? ¿No entiende que clientes como yo pagan su salario? Si la suficiente cantidad de clientela lo escuchara, el teatro nunca vendería sus entradas ni ninguno de sus otros productos. Y en última instancia, podría estar dando lugar a ser despedido o a que el teatro se vaya a la quiebra. Todo el mundo se quedaría sin trabajo al instante en aquel lugar. Yo no lograba entender cómo alguien podía ser tan autocentrado en un momento y en un lugar como ese.

Estos son ejemplos de personas que te proporcionan sus comentarios sobre lo que tú estás eligiendo aun sin necesidad de que les preguntes. Son ejemplos de lo que Jillian llama el "culto al yo".

Esta forma de egocentrismo tiene una gran influencia en las relaciones interpersonales y en el campo de las finanzas.

En primer lugar, echémosles un vistazo a las relaciones interpersonales.

El "culto al yo" es frecuente en las relaciones interpersonales ya que cada persona está en pos de llevar a cabo lo que quiere para sí misma. Cada una se pregunta: "¿Qué hay en esta relación para mí?"

Te voy a dar un buen ejemplo de cómo funciona esto.

Una joven pareja me pidió que hiciera algo de terapia con ellos un par de semanas antes de su boda.

Les pedí que me dieran el ingrediente más importante en un matrimonio exitoso. La futura esposa opinó: "Amor". Yo le respondí: "No, madurez". Ella se enojó y me dijo que yo era un insensible. Me consideró poco romántico. Entonces les expliqué que si alguno de los cónyuges es inmaduro y egoísta, acabará con rapidez todo el amor que exista en la relación. Estar enamorado pone las cosas en marcha, pero en últimas, el marido y la esposa tienen que ser maduros.

He observado que las parejas tienden a evaluarse entre sí a través de su propio lente. Ninguno de los dos se sale de sus propios zapatos ni mira a su pareja desde el punto de vista de él o ella.

Un hombre me dijo que decidió dejar a su joven esposa y a su hijo pequeño para irse con otra mujer. Le parecía que esta nueva mujer sí era su alma gemela. Su esposa era atractiva, dulce y leal, pero él estaba listo para salir de ella y de un niño vulnerable en aras de ir tras un sentimiento efímero de felicidad.

Tan pronto como desafié su decisión me dijo que él sabía que estaba haciendo lo correcto. Entonces me preguntó: "¿Acaso Dios no quiere que yo sea feliz?" Yo cuestioné su comprensión de las leyes de Dios. Él argumentó que la Biblia estaba abierta a la interpretación. Yo le cité el séptimo de los famosos Diez Mandamientos, que dice: "No cometerás adulterio" y luego le pregunté de cuántas maneras se podría interpretar algo como eso. Entonces murmuró algo más acerca de la felicidad y apartó su mirada de mí.

Cada vez es más común que las parejas terminen relaciones crecientes porque quieren algo que creen que va a ser más espectacular o increíble en otro lugar y con alguien distinto. Este tipo de egoísmo es epidémico e inmaduro.

Vamos a aplicar este mismo egoísmo en el campo de las finanzas.

Ciertas actitudes egoístas también influyen en las decisiones financieras.

Hoy en día, cuando quieres algo y no puedes permitirte el lujo de pagarlo en efectivo, tienes la opción de conseguir fácilmente un crédito. Y el crédito fácil se convierte en deuda. Y esa deuda con el tiempo puede llegar a estrangularte y herirte.

Cuando te permites estar motivado por cosas materiales innecesarias que no estás en condiciones de pagar de inmediato, estas te consumen mental y financieramente.

Jillian Strauss tenía razón cuando llegó a la conclusión de que el "culto al yo" está en todas partes.

Toma hoy la decisión de mirar el mundo a través de los ojos de otras personas. Sé parte de una comunidad más grande. Así es como le ayudas al mundo a ser un lugar mejor y llegas a ser grande en el proceso. Cuanto más te centres en las necesidades de los demás, más pronto encontrarás tu propio camino a la felicidad.

Si quieres ser GRANDE, elige preocuparte por los demás.

Capítulo 13

Elige ser confiable

Vivimos en una cultura llena de opciones. Incluso cuando poseemos algo actual, queremos la siguiente versión de eso que ya poseemos. ¡Nos urge poseer esa última versión! Nos referimos a teléfonos, carros, casas, y a las computadoras —la lista sigue y sigue.

Esta es una de las razones por las que el compromiso a largo plazo con respecto a cualquier cosa sea cada vez más difícil de sostener. Mi hija Allison fue elegida como miembro de la Asociación Estudiantil de Abogados cuando estaba en la Escuela de Leyes. Ella era la encargada de organizar eventos para el alumnado. Algo muy constante que ella notó fue el número de estudiantes que solía confirmar que estaría en dichos eventos y luego nunca se molestaba en aparecer. La cantidad de casos de no presentación era asombroso. Este hecho se convirtió en un patrón bastante prevalente así que ella comenzó a preguntarles a los estudiantes por qué confirmaban su asistencia y luego nunca se aparecían. La respuesta más común fue que se iban a hacer algo que ellos pensaban que era mejor. Eran muy relajados frente al hecho de romper su promesa de asistir. A ninguno de ellos parecía realmente importarle el asunto. Este patrón persistió y nunca cambió. Si algo mejor se les presentaba, para allá se iban.

Nunca serás grande si eres poco fiable. Cuando irreflexivamente rompes un compromiso, estás revelando un grave defecto en tu carácter. Nadie puede confiar en ti en el trabajo ni en cualquier tipo de relación. Si haces eso a menudo, nadie va a confiar en ti ni querrá estar cerca de ti.

Recuerdo un vuelo de regreso a casa desde el Reino Unido; estaba tan agotado que me fui a la cama temprano. No había dormido durante 26 horas. Me quedé dormido a media noche y me despertó el teléfono solo dos horas más tarde. Un nuevo cliente, el más grande que he tenido, me estaba llamando debido a una emergencia. Me preguntó si yo podría estar en un avión a las 8:00 de la mañana. Él me necesitaba en Greenville, Carolina del Sur a las 11:00 horas. Le expliqué la situación a mi esposa, dormí dos horas más, y luego me levanté y volé a Greenville. Era un lunes. Yo tenía un pasaje de ida y nada de ropa para cambiarme. La emergencia se extendió hasta el jueves. ¿Qué hice? Improvisé y me centré en las necesidades del cliente. El reto se cumplió y regresé a casa.

El cliente y yo terminamos teniendo una gran relación. Él incluso me dio una cantidad considerable de su negocio durante los siguientes 20 años. Su contrato se convirtió en la columna vertebral de mi compañía. Los resultados fueron enormes. Algunos años más tarde me contó por qué me pasó la mayor parte de su negocio a mí: porque él sabía que yo era confiable.

Sé siempre confiable. Nunca se sabe cuándo una situación puede surgir de imprevisto. La fiabilidad es una característica de las grandes personas.

Jillian Strauss identificó otro rasgo durante sus entrevistas que se refiere también a la fiabilidad. Se encontró que la mayoría de las personas que entrevistó hizo el mínimo necesario para realizar una tarea determinada. Ella se refirió a este punto como la "mentalidad de por qué sufrir".

La mayoría de las personas en su lista entregó el mínimo esfuerzo en todo lo que hizo y todavía quería los máximos beneficios. Todos esperaban una vida de comodidad, facilidad y placer.

Recuerdo mis primeros días como conferencista, cuando mi esposa Amy y yo pasamos 15 semanas viajando para asistir a varias charlas. Teníamos tan poco dinero que no podíamos permitirnos hospedarnos en hoteles. ¿Nos detuvo eso? De ninguna manera. Dormimos en el coche por la totalidad de las 15 semanas. Nos deteníamos en las paradas de descanso, en hoteles, centros comerciales e iglesias para utilizar las instalaciones. ¿Y sabes qué? Fue una experiencia realmente fantástica. Nos acercamos mucho más el uno al otro. Nos reímos y lloramos, mientras que sobrevivíamos comprando pizzas y comida de tamaño para niños. ¿Pero sabes qué? Asistimos a todos y cada uno de los compromisos. Esas reuniones se convirtieron en referencias que nos llevaron a hacer más charlas. No nos dimos por vencidos. Los dos decidimos hacer que la experiencia fuera genial ¡y así fue! Dios bendijo nuestra determinación y sembró semillas que con el tiempo produjeron una cosecha masiva de éxito.

Es importante que recuerdes que tu actitud gobierna por completo tu vida. Cuando tú eliges ser positivo, responsable, confiable y comprometido, estás sembrando las semillas de una cosecha de éxitos. Pruébate. ¿Con qué frecuencia te quejas? ¿Qué tan firme es tu determinación? ¿Tomas toda la responsabilidad por tus resultados? ¿Estás seguro?

En el capítulo anterior he mencionado que la culpa es contraproducente.

Es inútil y una pérdida de tiempo culpar a alguien más por tu situación. Puedes dar razones válidas por las cuales otra persona es responsable de tus circunstancias, pero echar culpas es INÚTIL porque no logras nada. Lo mismo es cierto con respecto a ser perezoso, egoísta o poco confiable. Todo lo que tienes es una reputación de ser poco fiable.

Si quieres ser GRANDE, elige ser confiable y mantener tus compromisos.

Capítulo 14

Elige una vida exitosa

Cuando yo tenía 10 años, mi padre le anunció a toda la familia que nos iríamos a vivir a una nueva comunidad. Fue a mediados del año escolar y yo había vivido casi toda mi vida en el mismo pequeño pueblo, rodeado de amigos y primos. Lloré, grité y me opuse. Papá nos explicó que había encontrado un trabajo mucho mejor y que necesitábamos el dinero. Dijo que no había otra opción y nos tuvimos que trasladar.

Dos semanas más tarde mi mamá, mi papá, el perro y yo llegamos a Huntington, Virginia Occidental.

Después de ajustarnos a nuestra nueva casa durante el fin de semana, tuve que empezar la escuela el lunes por la mañana. Yo todavía estaba desorientado y cansado por el movimiento repentino, y para hacer las cosas más difíciles, perdí el contacto con mis amigos y familiares.

Recuerdo la primera vez que entré en mi salón de clases. Tan pronto como entré, mi maestra se me acercó a hablar conmigo, me señaló mi asiento y puso orden en la clase. Después de que tomó la asistencia, me dijo que me levantara y me parara frente a la clase. Luego, me pidió presentarme y decir algo acerca del lugar del que venía. Yo cumplí con sus instrucciones y le dije a la clase cuál era mi nombre y de dónde era. A continuación, les dije a todos que me sentía feliz de conocerlos y que tenía la esperanza de hacer nuevos amigos.

La clase permaneció en silencio. El único sonido que oí fue la risa de mi profesora. Después de casi el minuto más largo que he vivido, ella se puso de pie a mi lado, luego puso su mano en mi hombro y se dirigió a la clase. ¡Lo que vino después me sorprendió! Mi profesora le dijo a la clase que me pidió que me presentara porque quería que todos escucharan cómo hablaba un campesino tonto. Nadie en la clase respondió. Todos se sentían avergonzados y yo estaba en shock total. Yo había crecido en una familia amorosa, rodeado de personas que me conocían y se preocupaban por mí. Esta humillación pública era del todo inesperada. Nunca había experimentado nada como eso antes.

Por último, la profesora me envió de regreso a mi asiento y reanudó la clase. Me senté y me preguntaba a mí mismo qué debía hacer.

Mientras pensaba en lo que acababa de ocurrir, un pequeño fuego comenzó a arder en mi interior. Algo sucedió en mi mente y en mi corazón. En el momento en que terminó la clase, había tomado una decisión: no permitiría que ni la maestra ni cualquier otra persona me derrotaran. Estaba decidido a convertirme en el mejor estudiante de mi clase y en el chico más popular de la escuela. No me ocultaría, sino que me destacaría. Me lancé a hacer mis tareas escolares, me involucré en deportes y eventos sociales. Formé el equipo de baloncesto de la escuela. Obtuve los mejores resultados de mi clase e hice muchos amigos, y apenas tenía tiempo para actividades extracurriculares.

Ahora, como la mayoría de la gente, yo podría haberme desmoronado ante lo que dijo la maestra y culparla fácilmente por arruinar mi joven vida. Podría haberme retirado de la subcultura de la escuela y justificarme echándole la culpa al trauma ocasionado por mi maestra. Sin embargo, no hice nada de eso. Al día de hoy, no estoy seguro de dónde vino mi determinación interna. Tal vez Dios había plantado en mí una semilla de la que yo no era consciente y esa experiencia accionó un interruptor que liberó un flujo de fuerza y fortaleza por todo mi ser. Mi coraza se fue endureciendo y se fue volviendo cada vez más fuerte.

Hoy me encantaría agradecerle a mi antigua maestra por haberme dado una lección fundamental. Echarle la culpa a otra persona por tu situación es una reacción inútil y una pérdida total de tiempo.

Recuerda que solo eres derrotado cuando te derrotas a ti mismo.

¿Qué causa determinadas respuestas en tu vida? Tu punto de vista acerca de la vida está condicionado por tus expectativas. ¿Quieres conocer tu nivel de madurez? ¿Quieres entender finalmente por qué reaccionas como lo haces?

Mira la siguiente lista de reacciones sobre la vida. ¿Puedes identificarte a ti mismo?

1. LA MICROVIDA

Cuando tú vives una "microvida", no tienes ningún plan a largo plazo. Vives día a día o semana a semana. Rara vez ves más allá del fin de semana y operas con un enfoque obtuso. No te interesa enfocarte más allá de ver la última película de éxito o de asistir a la fiesta más divertida. Debido a tu enfoque limitado, todo se amplifica. Pequeños desafíos se vuelven gigantescos. Comentarios de los amigos y la familia parecen más importantes de lo que en realidad son. Te preocupas por las pequeñas cosas triviales.

Pasas gran cantidad de tiempo debatiendo sobre las verdaderas intenciones de la gente y evaluando a quienes te rodean y su comportamiento, especialmente hacia ti. Si así vives, estás viviendo una "microvida". Tienes piel fina.

2. LA VIDA DE CUENTO DE HADAS

Acababa de terminar de dar un seminario sobre profesionalismo frente a 1.500 asistentes en St. Louis, Missouri, cuando un grupo de los asistentes me detuvo en el pasillo fuera del salón principal. Todos promediaban entre los 20 y los 30 años de edad. La mayoría acababa de emprender su propio negocio. Nos presentamos el uno al otro y a continuación uno de los jóvenes me preguntó acerca de algo que dije en el escenario —cuando insté a todos a renunciar a su enfoque de "cuento de hadas" sobre la vida y crecer.

El chico que me cuestionó se volvió hacia una joven mujer y dijo que ella era la princesa del cuento de hadas de su grupo. Frente al comentario, ella se rio y expresó que luchó durante una época de su vida con un exagerado sentido de derecho. Su esposo y sus amigos comentaron sobre este asunto en más de una ocasión. Sin embargo, parecían tener una relación tan cálida y de apoyo, que ella nunca se sintió ofendida y admitió que su mayor batalla había sido siempre contra esta idea de que ella debía ser la estrella de un cuento de hadas y que se suponía que todo trabajaría siempre a su favor. Bromeamos y hablamos de la necesidad de madurar y, al igual que a sus amigos, ella me dio las gracias por ayudarla. Era una chica inusual debido a su voluntad de aprender y cambiar.

Desafortunadamente, la mayoría de la gente no tiene estas mismas cualidades. Esta es la razón por la que también la mayoría no vive una gran vida.

¿Qué crea este síndrome de ver la vida como si fuera un "cuento de hadas"? Por lo general, la causa tiene sus raíces en la infancia. Cuando a los niños se les educa creyendo que ellos son la estrella del espectáculo todo el tiempo, comienza a surgir en su interior una expectativa de vida que es poco realista dado que ellos disfrutan del hecho de ver que cada necesidad y cada deseo que tienen les son cumplidos. No es ninguna sorpresa que ellos concluyan que la vida es un cuento de hadas y que ellos son parte de la realeza.

Cuando se les permite "ganar" todas las veces y además se les celebra, tanto si ganan como si no, los niños no aprenden cómo es realmente la vida. Luego, cuando se convierten en adultos, son sacudidos por la realidad y por lo general no saben manejar la situación. Es entonces cuando la grandeza se les escapa de las manos.

Una vez hablé con una joven esposa que estaba profundamente resentida con su marido. Ella venía de una familia que cada año la llevaba de vacaciones a Hawái. Después de graduarse de la Secundaria, sus padres le dieron un carro nuevo y lo mismo ocurrió cuando se graduó de la universidad.

Su marido estaba trabajando duro para iniciar su carrera de ingeniería. En ese momento llevaban casados dos años y tenían poco dinero. Ella estaba enojada porque su marido, en este punto de su relación, no podía continuar dándole la vida de "cuento de hadas" a la que ella estaba acostumbrada.

Afortunadamente, esta historia tuvo un final feliz. Ella decidió abandonar su actitud de princesa y se unió a su marido en un viaje satisfactorio, lleno de amor y éxito. Y siendo sabia, ella no dejó que sus hijos aprendieran sobre este enfoque de vida. ¡Se convirtió en una gran esposa y madre!

Mi mentor principal es un hombre muy rico. En una ocasión me dijo que a medida que construía su negocio decidió no echar a perder a sus hijos. Cuando ellos estaban todavía muy jóvenes, él les dijo que los amaba y que quería que aprendieran un importante principio financiero: que él es multimillonario, pero ellos no. Su riqueza no les pertenece a sus hijos; le pertenece a él. Mi mentor les dijo que su éxito no era ninguna garantía de que ellos también tendrían éxito. Les dijo rotundamente: "Yo soy rico y ustedes están en la quiebra. Necesitan decidir qué están dispuestos a hacer al respecto".

La mayoría de sus hijos ahora administra sus propios negocios y alcanzó su propio éxito. Mi mentor se aseguró de que sus hijos no se echaran a perder al pensar que estaban viviendo una vida de cuento de hadas a causa de su riqueza. ¡Sus hijos se convirtieron en grandes personas!

3. *LA VIDA FANTASIOSA*

Vives una vida fantasiosa cuando crees que las reglas no te aplican a ti. Por alguna razón piensas que, incluso si las ignoras, todo te funcionará a tu medida. Este es un problema preocupante tanto para los adultos jóvenes como para cualquier otra persona que no piensa en su futuro.

Yo me vi afectado por una visión de vida fantasiosa.

Cuando entré a la universidad experimenté una irrealidad bastante peligrosa. Antes de entrar a la universidad había asistido a una escuela carente de exigencia en la que tuve que hacer muy poco para graduarme. Me había vuelto perezoso y desarrollé la idea de que incluso en la universidad tampoco tendría necesidad de planificar u organizar mi vida. Pensaba que aun así todo me saldría siempre bien. Yo era un tonto que no me preparaba para los exámenes finales y me las arreglaba para pasar en el último minuto. Una vez, recuerdo que recibí mis notas y me quedé de piedra. Reprobé dos materias y pasé con "C" y "D" otras dos. Mis padres no tenían casi ningún ingreso y sin embargo se sacrificaban mucho para enviarme a la universidad. Por decir lo menos, me sentí apesadumbrado y avergonzado.

La universidad me puso en probatoria académica. Entonces se me informó que si iba a permanecer en ella, tendría que asistir a una clase de recuperación de lectura con alumnos de cuarto grado en una escuela primaria cercana a la universidad. ¡Qué vergonzoso! Imagínate lo que es tener 18 años y asistir a una clase de lectura repleta de niños de

10 años de edad. No tengo necesidad de decir que decidí madurar a toda velocidad.

Yo mismo propicié esa situación debido a mi desdeño por la disciplina.

¿Recuerdas lo que dije al principio de esta sección?

Llevar una vida fantasiosa es creer que puedes salirte con la tuya, que las reglas no te aplican y que puedes ignorar la Ley de Causa y Efecto.

Así no funciona la realidad. Pensar de esa forma te mantendrá lejos de llegar a ser grande.

4. LA VIDA AL ESTILO "HOYO NEGRO"

Un hoyo negro es una zona de la galaxia sobre la cual nadie sabe mucho. Estos hoyos son un fenómeno misterioso; son conocidos por su atracción abrumadora e implacable de la gravedad. Todo a su alrededor es absorbido (incluso la luz). Nada escapa a ellos.

Cuando tú estás llevando una vida de "hoyo negro", tus malas decisiones y patrones forman un hoyo que absorbe tu tiempo, tu dinero y tu energía. Esto es el distintivo de una persona que se niega a aprender las lecciones que le da la vida; que repite los mismos errores con tanta frecuencia que forman un "hoyo negro" que absorbe su futuro. Incluso la oportunidad de ser grande también es absorbida por ese "hoyo negro".

Una vez conocí a una mujer en un estudio de televisión en California. Yo estaba filmando un show en el que ella estaba trabajando. Hablamos durante una pausa a la hora del almuerzo. Me contó que sus relaciones personales eran una gran decepción y que siempre atraía a la gente equivocada. Cuando le pregunté por qué ella pensaba que tenía un historial tan precario, ella dijo que no estaba segura, pero sabía que por alguna razón perecía tener un "imán para atraer imbéciles". Luego admitió que elige siempre el mismo tipo de idiota. Ella misma se construyó su propio "hoyo negro". Lo creó debido a su toma de decisiones defectuosa y se niega a aprender de los resultados que le producen esas decisiones.

5. *LA VIDA SOBRE UNA MÁQUINA CAMINADORA*

Algo que no te he mencionado es que soy un corredor comprometido. He estado corriendo durante más de 20 años. Es un hábito que considero la base de mi buena salud. Corro todos los días y en todas las condiciones climáticas. Puede estar lloviendo, nevando, caliente o frío —eso no importa. Siempre desafío a los elementos y rara vez tomo un día libre.

Una vez, me decidí a probar una máquina caminadora en lugar de correr en condiciones climáticas adversas. No me funcionó. Me aburría y me di cuenta que era mucho más feliz corriendo afuera. Al final resultó que terminé regalándola y preferí comprar ropa especial, adecuada para correr en todos los climas —lluvia, nieve y temperaturas extremas. Además decidí comprar zapatos especiales y me pongo almohadillas de hielo para aumentar la tracción. Nunca me he arrepentido de haberme librado de aquella máquina. Fue la decisión correcta para mí.

Cuando vas sobre una máquina caminadora por la vida, estás quemando energía pero no vas para ninguna parte. Sabes que vas sobre una de estas máquinas cuando ves poco o ningún resultado; no ves mayores cambios positivos a lo largo de los años. Las personas que viven sobre estas máquinas nunca cambian sus patrones. Hacen las mismas malas decisiones una tras otra y nunca ven que logren grandes cambios.

Aquí va un gran ejemplo.

Ryan es un clásico corredor que va por la vida sobre una "máquina caminadora". Tiene 32 años y vive en Phoenix, Arizona. Ryan tiene una licenciatura en comunicaciones de la Universidad Estatal de Arizona. Practicó el atletismo de pista durante la escuela y hasta la fecha se mantiene en forma.

Ryan pasó por dos rupturas amorosas y actualmente no está involucrado con nadie. Está comenzando a cuestionarse por qué siente que no va para ninguna parte, ya sea en su trabajo o con las mujeres. Además, su carrera en Verizon no está progresando lo suficiente.

Cuando lo conocí, me di cuenta de su personalidad extrovertida y alegre. A la gente le encanta pasar el rato con él. El problema es que Ryan no va para ninguna parte en la vida.

Para hacer las cosas más difíciles, se mantiene a base de tres tarjetas de crédito que permanecen con unos saldos bastante altos y tampoco tiene nada de ahorros.

De lo único que disfruta es de su fin de semana de esquí anual con sus viejos amigos de la escuela. Ryan mantiene los mismos hábitos, sigue el mismo horario, sale con el mismo tipo de mujeres y hace más o menos la misma cantidad de dinero que hace cinco años. Su experiencia al estilo máquina caminadora se le ha vuelto tan cómoda que ya se le está convirtiendo en normal. Si no encuentra el coraje para saltar pronto de ella, permanecerá en su caminadora personal para el resto de su vida.

El peligro de andar en esta máquina por la vida es la forma en que te atrasa en el tiempo y te arrulla en un falso sentido de progreso y confort. Te da la ilusión de ir hacia adelante, pero lo cierto es que sigues ocupando el mismo espacio exacto y no te mueves hacia adelante. Tu única salvación es detenerte y saltar. Recuerda que la grandeza no estará allí esperando por ti hasta que haga los cambios necesarios.

6. LA VIDA AL ESTILO REALITY SHOW

Allen Funt inventó los programas de televisión tipo reality en 1948 con un espectáculo llamado *Candid Camera (Cámara indiscreta)*. Una versión más contemporánea de esta clase de programa fue dada a conocer en 1989 con *COPS* y luego, en 1992, el mundo recibió con sorpresa el show de MTV llamado *The Real World*. Hoy en día, los reality shows son una fuente importante de entretenimiento.

El propósito de este tipo de programas es permitirles a los espectadores observar cómo es la vida privada de las personas "promedio". Sabemos que muchos de estos programas son secuencias de comandos para estimular ciertas respuestas de la audiencia y por lo tanto ya no son tan "reality shows" como solían ser. Ahora son más como programas de televisión que suceden en un ambiente diseñado para que parezca "realidad".

Uno de los segmentos más polémicos de esta clase de programas es la "realidad" de los programas de entrevistas. En este formato, el promedio de los participantes está preseleccionado para luego ser entrevistado en frente de una audiencia en el estudio. La mayoría de ellos lleva una vida escandalosa. Es posible que se trate de un hombre que se haya casado en secreto con ocho mujeres en doce Estados; o que sea el padre desconocido de unos trillizos producidos por inseminación artificial. Y, por supuesto, el verdadero rating del programa es producido por las peleas y los enfrentamientos que se dan, que son todos con guion de los productores. Los más profundos y oscuros secretos de la gente son supuestamente revelados y las emociones de los participantes se muestran en total desenfreno, a tal punto que a menudo la gente tiene que ser contenida para que no se hagan daño el uno al otro en el set. Todo esto se hace para conseguir alta audiencia.

¿Qué tiene esto que ver contigo y con tu deseo de éxito y prosperidad? Cuando tú permites que tu vida descienda hasta convertirse en un drama continuo, pierdes tu enfoque y dejas de perseguir tus sueños. La grandeza no existirá en ti si llevas una vida llena de drama y negativismo.

Piense por un minuto en la clase de vida que llevas y cómo responderías a estas preguntas. ¿Vas en una montaña rusa emocional lleno de ira y frustración? ¿Eres extremadamente sensible con otras personas? ¿Les das demasiada importancia a los comentarios que la gente hace sobre ti? ¿Pasas mucho tiempo analizando las posibles reacciones de quienes te rodean? ¿Es tu vida como un reality show? ¿No podrías cambiar el canal hacia algo mucho mejor?

Vivir tu vida como si estuvieras en un reality show hace que el enfoque de tus metas sea mediocre. Te volviste tan insistente en defender tus "derechos", que no puedes centrarse en las oportunidades que se te presentan a tu alrededor. Es por esto que muchas parejas se pelean por trivialidades.

Déjame darte un ejemplo:

Mi amiga Kim y su esposo, Justin, estaban casados hacía dos años y medio cuando Amy y yo los conocimos.

Kim es una mujer bonita, con el pelo rubio ceniza y una fuerte personalidad. Justin, su marido, es alto y muy amable.

Recientemente, Kim me dijo que ella y Justin estaban "discutiendo" demasiado el uno con el otro así que me reuní con ellos para conversar sobre la situación.

Cuando les pregunté cuál pensaban ellos era la razón de su ira, Kim habló primero y expresó una larga lista de motivos por los cuales ella pensaba que tenía la razón y Justin estaba equivocado. Fue un ataque implacable.

Justin se sentó y escuchó sin dar ni la menor muestra de lo que estaba pensando. Él habría sido un jugador de póker excepcional porque es muy difícil de leer. Yo traté de mediar, pero Kim no había terminado de decir todo lo que quería.

Sus emociones comenzaron a desbordarse y de pronto se lanzó en caída libre. Se puso de pie y entre lágrimas le reprochó a Justin por lo que ella consideraba que eran sus conductas irreflexivas. Justin siguió escuchando y no dio ninguna respuesta. Me di cuenta de que casi todas sus quejas eran realmente muy mínimas.

Kim siempre esperaba que Justin la llamara tan pronto como llegara al trabajo y a veces él la llamaba más tarde. Esta fue una de sus quejas. Otra queja fue que ella le había pedido ayuda para reorganizar su pequeño dormitorio y tres días más tarde, la habitación estaba todavía sin reorganizar.

En el momento de esta conversación, yo conocía a Justin hacía ya unos años. Parecía un hombre leal, confiable y dedicado a su joven esposa. Él la elogiaba en público y siempre la trataba con respeto. Justin tenía un trabajo difícil y muy exigente y nunca se quejó ya que le producía buenos ingresos.

Cuando Kim dejó su arrebato, le pregunté a Justin si él tenía algo que quería decir. Se puso de pie, abrazó a su esposa, le dijo que lo sentía y que se esforzaría más por ayudarla. También dijo que entendía y que haría lo mejor de su parte.

Kim parecía encantada y sonrió ante su éxito. Yo oré por ellos y luego me fui.

Dos días después, Kim llamó a mi esposa Amy. Kim estaba furiosa y le dijo a Amy que cómo era posible que Justin la estuviera descuidando tanto. Amy le dio un buen consejo y la crisis pasó.

Nos preocupamos profundamente por esta pareja y siempre tratamos de ayudarlos. Ninguno de nosotros se sorprendió cuando unos años más tarde, Kim llamó y me dijo con voz de ultratumba que Justin le había informado que había encontrado la felicidad con una mujer en el trabajo y que iba a solicitar el divorcio. Kim nos preguntó qué había hecho ella para merecer este tratamiento. Desafortunadamente, Kim no entendía lo que ella hizo para empujar a Justin a tan enorme distancia.

Al final, la "reina del drama" fue abandonada y ahora sí podría gobernar su reino en paz.

Cuando nos casamos, al principio yo tendía a dramatizar más que ella. Después de una intensa discusión, mi esposa me preguntó si quería salir a caminar con ella un rato. Ya habíamos caminado varias cuadras cuando me dijo que quería decirme algo. Amy me dijo que se había dado cuenta de que me gustaba hacer drama y salpicar mis emociones en todas las direcciones. También me manifestó que observaba que si el día era inusualmente tranquilo, yo buscaba la forma de crear una crisis. Amy me dijo que me amaba y que creía en mí, pero que mi drama constante la estaba desgastando. Yo estaba impresionado. No me había dado cuenta de que hacer drama se me había convertido en una forma de entretenimiento para mí y que también se estaba convirtiendo en un mal hábito, uno que tenía que cambiar si quería tener un gran matrimonio.

Sabiamente, cambié mi comportamiento.

El enfoque de "reality show" con respecto a la vida es otra forma de egoísmo. Cuando piensas que todo gira en torno a ti, cada experiencia, buena o mala, se amplifica. El nivel de cada emoción se incrementa. Crees que todo es injusto y es así como quedas a merced de sus sentimientos.

Contrasta este comportamiento con el de Donald.

Donald tiene 41 años y está felizmente casado con Brooke.

Estas tres palabras son las que mejor lo describen: ESTABLE, TRABAJADOR y GENEROSO.

Además, tiene un patrimonio neto de $60 millones de dólares. Una vez, Donald compró una casa y se la dio a un pastor joven que tenía dificultades financieras. Lo hizo porque se dio cuenta de que el pastor y su esposa estaban sacrificando sus propios ingresos para ayudar a los pobres de su zona. Donald quería recompensarlos.

Resulta que Donald tenía un padre demasiado dramático, que dominaba todo y a todos. Era un volcán rebosante de emociones vehementes.

Temprano en la vida, Donald se convirtió en un cristiano comprometido. Con la ayuda de Dios, él eligió vivir de manera diferente a su padre. Donald optó por ser solidario y generoso con la gente. Construyó un imperio en cuanto a carácter y bondad. Él es la prueba de que se puede elegir una mejor manera de vivir. ¡Donald es un gran hombre!

La manera más efectiva para pasar desde el drama centrado en ti mismo a la felicidad consiste en dejar de enfocarte en ti mismo e interesarte en los demás.

Jesucristo es la figura más grande en la Historia de la Humanidad. Una de las cosas más importantes escritas sobre Él en los evangelios es que les dijo a sus seguidores que Él "estaba entre ellos como el que sirve". Pese a cualquiera que sea tu opinión acerca de las afirmaciones de Jesús sobre el hecho de que Él es Dios hecho hombre (y yo las creo), debe impresionarte Su humildad. Durante tres años Él fue el epicentro de su mundo y todavía se veía a sí mismo como un siervo.

El mentor más significativo para mí sufrió un derrame cerebral debilitante y casi murió. Su recuperación fue lenta y difícil. Sabiamente, siguió su terapia programada, y, de manera sorprendente, también continuó haciendo sus reuniones de negocios. Su familia y amigos estaban alarmados y le pidieron que se tomara tiempo para recuperarse. Él se negó y dijo que ya había una serie de charlas en su calendario y que les había prometido a decenas de líderes de negocios que se encontraría con ellos y los aconsejaría.

Viajé a su casa para discutir la situación y él me aseguró que no estaba trabajando por terquedad ni orgullo y que tenía otra razón muy distinta por la cual insistía en hacerlo. Entonces le pregunté cuál era esa razón y él me respondió que era cierto que ahora vivía en el dolor y que cada día era un nuevo reto. Sin embargo, había algo que lo motivaba aún más y era el hecho de que, cada mañana cuando se despertaba, permanecía en la cama, miraba al techo, y luego hacía dos cosas. En primer lugar, oraba en busca de la ayuda y la bendición de Dios. Y en segundo lugar, se recordaba a sí mismo acerca de todas las personas que lo necesitaban. Pensaba en todas las peticiones de su abogado; en los grupos frente a los cuales ya había accedido a hablar, así como en los desafíos que otras personas enfrentan y las formas en que él podría ayudarles. Me expresó que su fuerza y propósito fluían en él cada vez que se trataba de ayudarle a la gente y que eso era lo que más lo motivaba a levantarse y ponerse en marcha cada mañana.

Cuando tú dejas de jugar tu papel de protagonista en tu propio reality show, y te centras en ayudarles a otras personas, se te abre la puerta hacia una vida mejor.

Conocí al legendario orador motivacional Zig Ziglar y asistí a varias de sus conferencias. También compartimos plataforma en numerosas ocasiones. Recuerdo que una vez hablamos fuera del escenario y le pregunté si había algún principio particular de éxito que en que uno debería concentrarse. Su respuesta fue una declaración que había hecho durante años que resume su comprensión de cómo tener éxito: "Si tú le ayudas a bastante gente a conseguir lo que ellos quieren, siempre podrás conseguir lo que tú quieres". Luego agregó que esa era la mejor definición de éxito que se le ha ocurrido. Y es la que mejor ejemplifica la grandeza de Zig Ziglar.

7. *La vida de "maniquí en medio de un accidente"*

Estoy seguro de que has visto el comercial de televisión en el que aparecen dos maniquíes que van sentados en un coche haciendo la prueba contra accidentes. Están teniendo una conversación "como de maniquíes en medio de un accidente". La prueba comienza y el coche en que están sentados choca contra una pared. Los dos muñecos, que ya han hecho esto cientos de veces antes, parecen sorprendidos de haberse estrellado de nuevo.

Es obvio que unos maniquíes que aparecen en un accidente que se repite una y otra vez parezcan tan tontos al estar esperando resultados distintos al de siempre.

Estoy seguro de que sabes hacia dónde se dirige mi comentario: cuando tú sigues los mismos patrones y tomar las mismas decisiones, por lo general obtendrás el mismo resultado.

En realidad, esto se llama terquedad. Querer hacer lo que tú quieras y nunca admitir que te equivocas.

Piensa, por ejemplo, en una dieta. Quieres perder peso porque quieres verte y sentirte bien. Te imaginas un cuerpo de playa, tonificado, que va a sorprender a tus amigos. El desafío es que te gusta comer. Sueñas con el chocolate y cuentas las horas que faltan para tu siguiente comida. Fantaseas con todas tus comidas favoritas y te conviertes mentalmente en un cautivo de la comida hasta el punto en que, con bastante frecuencia, te saboteas a ti mismo cada vez que intentas bajar de peso.

Voy a hacer una confesión aquí y ahora: soy adicto al postre. Nunca me he encontrado con un batido que no me guste. Es por esto que puedo entender lo difícil que es cambiar un hábito, incluso si no te beneficia. Un maniquí de accidentes parece que no puede aceptar que tiene que cambiar su comportamiento para conseguir un resultado diferente.

A lo mejor hayas experimentado esto mismo con tus finanzas. Tal vez te está pasando ahora mismo y no logras entender completamente la lógica en cuanto al control de tus gastos y ahorrar dinero, sobre todo cuando te das cuenta de todas las cosas que deseas tener. Si este es tu caso, no te sorprendas si te estrellas.

Cuando tenía 20 años me estrellaba con tanta frecuencia que tuve que finalmente detenerme y analizar lo que estaba haciendo.

Estaba recién casado, acababa de empezar mi negocio y no era que el dinero abundara. Sin embargo, todavía tenía la costumbre de comer en restaurantes finos porque me parecía que mi esposa y yo necesitábamos relajarnos y que nos merecíamos una comida deliciosa servida en un buen restaurante. Sentía que nuestra carga de trabajo era tan grande que no teníamos tiempo para cocinar en casa.

El dinero estaba escaseando, así que me reuní con un asesor financiero para que me ayudara. Lo primero que él me pidió que hiciera fue que escribiera la lista de todos mis gastos semanales. Me quedé muy sorprendido cuando descubrí que gastaba alrededor de $ 4.000 dólares al mes en restaurantes. Mi negocio estaba produciendo un total bruto de $ 6.000 a $ 8.000 dólares por mes. Entonces me di cuenta de que me había convertido en un idiota. ¡Nada diferente de un maniquí de accidente!

Toma un momento y revisa esta lista:

1. La microvida
2. La vida de cuento de hadas
3. La vida fantasiosa
4. La vida al estilo "Hoyo Negro"
5. La vida sobre una máquina caminadora
6. La vida al estilo reality show
7. La vida de "maniquí en medio de un accidente"

¿Comprendes por qué es todo esto importante?

Los líderes siempre están buscando otros líderes. Ellos no están buscando gente egoísta, estúpida, indisciplinada, dramática, miope, ni emocional para acogerla bajo sus alas.

Cuando se encuentran con personas dadivosas, honestas, inteligentes, disciplinadas, serias, objetivas, comprometidas y orientadas en objetivos concretos, ellos les dan la bienvenida en sus redes. Y si tú ejemplificas estas características, ¡llegarás lejos en la vida! ¡Serás una gran persona!

Permíteme añadir algo muy cercano y querido a mi corazón. Como probablemente has notado, me referí a Jesucristo varias veces en este libro. Creo que necesitas saber por qué.

Crecí en una familia no cristiana. Nadie iba a la iglesia, ni leía la Santa Biblia, ni sabía nada acerca de la fe cristiana.

Un día, mi papá me llevó a escuchar un sermón de un pastor llamado Paul Stoneking. El pastor estaba tratando de impactar a nuestra pequeña comunidad. Nos sentamos en el servicio de la iglesia y escuchamos cómo él explicó la verdad acerca de Jesucristo. Dijo que no estaba promoviendo una religión y que lo que sí estaba promoviendo era que toda persona tuviera una relación con Jesucristo. Explicó que Jesucristo murió en la cruz como un sustituto de mis pecados, y al tercer día milagrosamente se levantó de entre los muertos. Luego continuó diciendo que si yo le pedía, Él me daría el perdón de mis pecados y una nueva vida llena de poder y con un propósito increíble. Él haría su morada dentro de mí, como mi Señor.

Después de escucharlo yo respondí a esa invitación de establecer una relación con Jesucristo. Cuando oré para que Él entrara en mi vida y me diera su dirección, se produjo un cambio total en mí.

Durante las siguientes semanas me di cuenta de una nueva presencia. Yo ya no quería hacer cosas malas. Sentía una creciente pasión por Dios y experimenté una profundidad de la paz y claridad acerca de la dirección que debía tomar, como nunca antes había sentido. Jesús llegó a ser asombrosamente real en mi vida y ha permanecido así desde entonces.

Lo que me ocurrió (y me sigue ocurriendo), no fue una experiencia "religiosa". Fue la conexión con el Dios que me hizo. Fue el comienzo de mi vida real. Yo nunca volví a ser de la forma en que solía ser.

Esta experiencia ha cambiado tanto mi vida, que espero que todo el mundo, (incluido tú), puede llegar a la misma relación con Jesucristo. Para eso fue que naciste. Si deseas más información al respecto, puedes ponerte en contacto con mi organización en www.ronball.org. Estaremos encantados de ayudarte.

¡Elige ser grande!

Jerry hizo su dinero vendiendo autos.

Como era un vendedor excelente, era su función comprender cómo un coche en particular hace que una persona se sienta única. Él sabía instintivamente cómo hacer coincidir el vehículo adecuado con el comprador adecuado.

Como ustedes saben, los vendedores de coches son conocidos por manipular y engañar a la gente. Jerry era el polo opuesto. Él era conocido por su honestidad.

Jerry tenía apenas 5 pies y 6 pulgadas de alto, sin embargo, parecía más alto; siempre se vestía y se arreglaba como una estrella de Hollywood aparece en la alfombra roja; incluso usaba botas vaqueras personalizadas para destacarse aún más; sus zapatos estaban siempre limpios y relucientes.

Jerry tuvo su propio negocio de automóviles usados y tuvo mucho éxito, pero lo vendió para comprar un concesionario Ford. Este nuevo negocio lo conectó a cientos de personas nuevas. Jerry se hizo tan popular que lo convencieron para entrar en la política y ganó su primera y única carrera para convertirse en el director ejecutivo de su condado —la posición política más alta disponible.

¡Jerry eligió ser grande!

Ahora quiero contarles acerca de un hombre llamado Adrián.

Adrián tenía los pies en la tierra en la misma medida en que Jerry era un gran vendedor.

Adrian formó una compañía. Después, contrató a hombres de su confianza. Su negocio consistía en instalar tuberías de gas natural en las regiones salvajes y remotas del Sur de los Apalaches. Para hacer su trabajo tenía que luchar contra el clima y contra terrenos empinados no urbanizables, e incluso contra serpientes.

Era leal a sus hombres y estaba bien correspondido. ¡Él y su grupo se convirtieron en una "grupo de hermanos!" El equipo se despertaba antes del amanecer para estar listo en su lugar de trabajo, pero ellos sabían que Adrián ya estaba esperándolos.

Después que Adrián murió, uno de sus empleados dijo que sabía que él siempre tendría un trabajo y un jamón en la Navidad de cada año. ¡Y así lo hizo!

Adrián construyó una compañía multimillonaria basada en el trabajo duro, el riesgo, la fiabilidad, la lealtad y una profunda preocupación genuina por cada uno de sus hombres.

¡Adrián fue un hombre grande!

Ahora vamos a hablar de un hombre llamado Tom.

Tom era inteligente. Y lo más importante, sabía cómo canalizar su inteligencia.

Una de sus cualidades era su capacidad para mantener los labios sellados. Otros líderes empresariales rápidamente llegaron a confiar en él. De hecho, Tom sabía mantener los secretos de todo el mundo, incluido el suyo. Él incluso atrajo a uno de los individuos más ricos de la zona.

Este individuo rico no solo confiaba en Tom, sino que además se dio cuenta rápidamente de que Tom tenía la capacidad de evaluar un negocio y saber al instante, no solo cómo hacer un buen trato, sino también ganar dinero. Los dos hombres se convirtieron en socios de negocios. Tom administró personalmente sus empresas (que incluyen hoteles y restaurantes). El socio rico proporcionó el capital, ¡y los dos generaron una gran riqueza!

¡Tom eligió ser grande!

Vamos a hablar de un hombre llamado James.

James era un gran ejecutor. Puso en práctica las ideas de Adrián. De hecho, Adrián lo consideraba el "segundo al mando".

Era tan querido y respetado por los empleados, al igual que Adrián, y se convirtió en la roca sobre la cual él amplió el negocio.

James era callado y conocido como un hombre de honor absoluto. Se podía confiar en él con su vida. Obtuvo su dinero trabajando duro.

¡James eligió se grande!

Déjame darte un último ejemplo —un hombre llamado Prentess.

Prentess era un veterano de la Marina de EE.UU. Llegó de la guerra para casarse con la chica más guapa de la ciudad.

Su padre, Richard, poseía la mayor parte de los negocios en la comunidad y terminó perdiendo su fortuna cuando contrató a un equipo de abogados para defender a su hermano en un cargo de asesinato. El hermano de Richard mató a un hombre en una pelea y se enfrentaba a una pena de cadena perpetua. Richard vendió la mayor parte de sus activos para pagar los abogados, y en última instancia ganó el caso y salvó a su hermano.

Debido a estas circunstancias, Prentess no tenía dinero para iniciar un negocio. Todo lo que tenía era su habilidad y determinación.

Tenía un gran talento para las ventas y además una personalidad atractiva. Así que se fue a trabajar para una empresa pequeña para mantener a su esposa y su hijito. Nunca se quejó de nada. Prentess trabajó duro, ahorró dinero y buscó su superación personal.

Prentess experimentó un gran avance después de 15 arduos años. Recibió una oferta para unirse a una empresa en crecimiento como representante de ventas. Ese fue pan comido para él y con entusiasmo aprovechó la oportunidad y "subió como un cohete". Prentess se convirtió en el principal vendedor y retuvo esa distinción durante todos los años hasta que se jubiló. Se convirtió en una leyenda en su industria al mismo tiempo que supo mantener su compromiso con su esposa e hijo.

¡Prentess eligió ser grande!

Todos estos hombres de éxito tenían características en común. Todos ellos:

- Vivieron en las Montañas Apalaches de Kentucky Oriental *(una zona famosa por ser el lugar de la contienda entre los Hatfield y los McCoy).*
- Trabajaron muy duro.
- Buscaron constantemente oportunidades de hacer dinero.
- Eran enteramente honestos y confiables. (Aunque cuatro del grupo había sido originalmente "contrabandistas" que habían vendido bebidas alcohólicas ilegales en un condado "seco", pero experimentaron cambios espirituales y morales debido a su compromiso con la fe cristiana).
- Tomaron con lealtad el vínculo del matrimonio y su amor por la familia.
- Se abstuvieron de protestas.
- Disfrutaron de su éxito financiero con cero culpas.
- ¡ELIGIERON SER GRANDES!

Ellos tenían algo más en común. Todos eran hermanos y uno era cuñado. Jerry, Adrian, James y Tom eran hermanos de la "chica más guapa" en la ciudad; y su marido, Prentess, era el cuñado.

Ah, una cosa más los conecta a los cinco...

La chica es mi madre, sus hermanos son mis tíos, y Prentess es mi padre.

Sé que es realmente increíble cuando piensas en ello.

Una cosa que nunca he mencionado es que crecí durante una transición importante. Los Estados Unidos estaban pasando de ser una sociedad más tradicional a convertirse en radicalmente diferente. Durante la década de 1960 vi cómo Vietnam, el control de la natalidad, las drogas alucinógenas, y un asalto a todas las formas de autoridad, convirtieron nuestra sociedad en un caos. La década de 1970 fue más tranquila, pero cada vez más incierta. Constantemente tambaleaba la economía. La falta de petróleo y gas ocupaba los principales titulares. La presidencia estadounidense quebró bajo la presión de las actividades ilegales de Richard Nixon y su posterior renuncia. Un forastero de Georgia fue elegido presidente y pronto fue absorbido por eventos que no pudo manejar.

Cuando Ronald Reagan fue elegido Presidente en 1980, el país estaba al borde del desastre económico. Altas tasas de impuestos y el aumento de las regulaciones del gobierno habían impulsado las empresas a retirarse del mundo de los negocios. El Presidente Reagan tenía una simple fórmula que expresó en un lenguaje sencillo: "Quítenos al gobierno de nuestras espaldas". Él causó el sobresalto de los ciudadanos durante la elección diciendo: "El gobierno no es la solución al problema. El gobierno es el problema".

Las políticas del Presidente Reagan con respecto a la irregularización y la reducción de impuestos llevaron a la mayor expansión económica en la Historia del mundo. Más personas entraron a ser parte de la clase media (y seguían subiendo a la clase alta) como nunca antes. Los negocios florecieron. Se incrementó la posibilidad real de empleo y la gente tenía más ingresos discrecionales que la que tenían antes de la presidencia de Reagan.

Esta nueva atmósfera próspera generó una bonanza de oportunidades personales. Todavía había algunos puntos negativos, como la crisis de ahorros y préstamos, pero no fueron el resultado de las políticas del Presidente Reagan. Eran parte de las debilidades de la codicia humana. Siempre habrá personas que construyen su riqueza de manera honesta y siempre habrá quienes hacen trampa para producirla. Afortunadamente, había constructores de la riqueza en su mayoría leales en la década de 1980, la cual fue sin duda una época muy especial para mí, ya que fundé mi primera corporación.

Desarrollé una empresa que ofrece seminarios y talleres de capacitación de liderazgo. Entre mis mejores clientes estaban los líderes de muchas organizaciones de Amway. Desarrollé este tipo de relaciones extraordinarias con muchos de los que me invitaron a formar a toda su grupos de empresarios independientes (IBO – Independent Bussines Owners).

El Movimiento Amway (como es conocido) creció y estas organizaciones independientes me abrieron sus puertas. Me invitaron a entrenar literalmente a millones de sus IBO, en todo el mundo. Durante los últimos 40 años he entrenado y hablado frente a casi 8 millones de IBO.

A partir del resultado de mi trabajo con las organizaciones de Amway, he tenido cientos de oportunidades similares con otras organizaciones. Los principios de trabajo duro y la oportunidad de la libre empresa, puestos en práctica de manera prominente en el negocio de Amway y organizaciones similares, son los mismos que aprendí de mi padre y mis tíos.

La prosperidad no viene por casualidad. Tampoco la grandeza. Solo llegarás a ser financieramente seguro cuando seas independiente y dueño de tu propio negocio. Debes ejercer la libertad personal, el trabajo duro y darle forma constante a tu propio futuro. Entonces vivirás una gran vida.

El famoso investigador en el campo de la economía, George Foster, opina que la sociedad se divide entre productores y trabajadores.

El productor asume la responsabilidad de su estabilidad económica. Él arriesga su trabajo y el capital para producir resultados positivos. Su atención se centra en la propiedad independiente. El productor añade, en lugar de restar. ¡El productor es genial!

El trabajador es dependiente y temeroso. Él busca a alguien para que lo proteja y le provea. Él desconfía de los que tienen más, y quiere que los que tienen una mayor prosperidad sean controlados o castigados. El trabajador busca un patrón, mientras que el productor busca la libertad. Como resultado, el productor experimenta la verdadera libertad y la grandeza. El trabajador pierde toda su libertad y la dignidad. ¿Qué preferirías ser: un productor o un trabajador? ¿Eliges ser mediocre o grande? La decisión es tuya.

Yo no quiero que seas un trabajador. Quiero que experimentes el poder de una vida bien vivida, llena de libertad y prosperidad. Sin embargo, la elección para ser un productor es siempre tuya.

Durante mi carrera he escrito libros sobre los beneficios de la libertad. He sido testigo de los resultados producidos por el trabajo duro, el compromiso y la pasión. Siempre he respaldado el concepto y la aplicación de la libre empresa porque creo que este enfoque es la única oportunidad para la libertad personal, el éxito delirante, la felicidad total y la grandeza pura.

Si quieres ser exitoso, próspero y tener una vida de grandeza, en este mismo instante te voy a mostrar cómo lograrlo.

Hace varios años, visité Irlanda del Norte con mi esposa e hija. Yo estaba allí hablando en un seminario en Belfast. Después de terminar, se nos invitó a recorrer la Costa Noreste. Nos levantamos temprano, tomamos un desayuno irlandés excelente y nos fuimos con nuestro anfitrión a lo largo de los estrechos y serpenteantes caminos que bordean la costa.

Fuimos en coche a lo largo de "La Ruta del Causeway Coastal", considerada como una de las cinco panorámicas más espectaculares del mundo. Atravesamos los cinco valles de Antrim y llegamos a la Calzada del Gigante -una formación rocosa espectacular de enormes piedras verticales empotradas en el lugar de rompimiento de las olas. Aparcamos y tomamos fotografías de este sitio geológico tan intensamente activo. Después de unos minutos observé un angosto puente colgante hecho de madera y cuerdas, oscilante en el viento. Un lado estaba anclado en la orilla de la playa de estacionamiento y el otro estaba anclado en una isla salvaje, barrida por el viento (unos 150 pies hacia el océano). Caminé hasta el puente y miré hacia abajo, —50 pies debajo de mí eran afiladas rocas que sobresalían del agua. Las olas rompían contra todo lo que estaba a la vista.

Decidí utilizar el puente para cruzar la isla. Mi única motivación era experimentar la aventura del momento. Fue emocionante. Mi esposa sugirió otra actividad, pero yo estaba decidido a caminar por el puente. Cuando puse mi pie en el primer listón de madera, sentí la influencia del puente debajo de mí. Miré hacia abajo (gran error) y dudaba de mi capacidad para completar la caminata hacia el otro lado. Me agarré de la cuerda y di otro paso. El puente se balanceó. Me tambaleé hacia delante y recuperé mi equilibrio. Ya estaba dispuesto a darme por vencido. Entonces una idea vino a mí. Dejé de mirar el puente, las rocas y las olas, y me centré en una roca en el centro de la pequeña isla. Enfoqué mis ojos en esa sola cosa y comencé a caminar hacia adelante, un paso a la vez. Me negué a mirar cualquier otra cosa y no hice caso de la influencia del puente. Me quedé mirando fijamente a la roca y continué avanzando, un paso a la vez. De repente, sentí tierra firme. Estaba en la isla. Un sentido de logro se apoderó de mí. Llegué a mi meta.

Después de unos minutos, me di cuenta de que tenía que volver a tierra firme. Le hice señas a mi hija pequeña para que se situara en el otro extremo del puente y le dije que no se moviera. Entonces me enfoqué directamente en ella a medida que cruzaba de nuevo hacia mi punto de partida.

¿Cuál es tu lección de mi experiencia?

La lección es realmente simple.

Si quieres cumplir tus sueños, debes tener un objetivo principal en mente. Cuando tú decidas cuál es esa meta, esta tiene que convertirse en tu único enfoque. Mira hacia ella. Concéntrate en tu objetivo. Luego avanza hasta llegar a alcanzarla. Debes ignorar los enormes obstáculos que tratarán de distraerte.

Sigue caminando en la dirección de tu meta ¡y tú también llegarás! Encontrarás tu propia grandeza.

Y para que puedas llegar lo más rápido posible, sigue siempre estos principios:

¡ELIGE ejercer tu libertad!
¡ELIGE destacarte y ser único!
¡ELIGE que dejarás de sacar excusas!
¡ELIGE pensar por ti mismo!
¡ELIGE adquirir tu propia fortuna!
¡ELIGE el capitalismo de libre empresa!
¡ELIGE ser el propietario absoluto de tus bienes!
¡ELIGE tener grandes sueños!
¡ELIGE tener espíritu de lucha!
¡ELIGE tener actitud mental positiva!
¡ELIGE aceptar el 100% de responsabilidad sobre tu vida!
¡ELIGE preocuparte por los demás!
¡ELIGE ser confiable!
¡ELIGE una vida exitosa!

Y por supuesto…

¡SIEMPRE ELIGE SER GRANDE!

¡Ve de luna de miel por la vida!

Pasión. Felicidad. Satisfacción. Más de 14 mil parejas han experimentado todo esto y más en *Luna de miel por la vida*.

¿Quieres el matrimonio de tus sueños? ¿Estás buscando soluciones para situaciones que te han fastidiado durante años? ¿Quieres que las más recientes estrategias en la ciencia de las relaciones te funcionen? Entonces, *Luna de miel de por la vida* definitivamente es para ti.

Este no es un seminario para matrimonios en decadencia. Se trata de un seminario para los buenos matrimonios que optan por ser grandes.

Aprenderás secretos de tal profundidad que te llegarán al alma.

Descubrirás técnicas de trabajo que sirven para arreglar desacuerdos. Juntos, tú y tu pareja subirán por *La escalera de la comunicación*, un programa único que te enseña a hablar de manera efectiva sobre lo que realmente importa.

Experimentarás momentos de diversión a medida en que logras un mejor acercamiento. Nunca olvidarás la provocante sesión de sexo. Disfrutarás de la investigación más excitante sobre satisfacción sexual.

Andrea, desde San Luis, escribió que su marido era "frívolo" y poco romántico. Pero después del fin de semana de *Luna de miel*, cambió por completo. Meses más tarde, seguía siendo el "amo del romance" en el que se convirtió en ese fin de semana.

Bill y Susan (de Nueva Jersey) habían estado felizmente casados desde hacía 40 años. Ella escribió que los conocimientos que adquirieron en su fin de semana transformaron su relación.

Michael escribió para decir que él no quería asistir. Amaba a su esposa, pero odiaba la idea de un "efusivo fin de semana vergonzoso". Sin embargo, quedó sorprendido por lo bien que estuvieron. No fue nada de lo que él esperaba. Estuvo superdivertido y se enamoró más de su mujer. Agregó que el sexo era mejor que nunca. Quería saber cuándo podrían asistir a otra de nuestras conferencias.

Para obtener información sobre el "emocionante" Seminario *Luna de miel de por vida*, para matrimonios, contacta a Ron en el 381 de Maple Ave., Prestonsburg, KY 41 653 o llama al 606-2262294 o consulta en www.Ronball.org

¡Vive la magia de Ron Ball en vivo!

Ron Ball ha hablado frente a más de 8 millones de personas de todo el mundo. Ha sido el orador principal de 73.000 personas en el Georgia Dome y ha enseñado a pequeños grupos de líderes que tienen hambre de éxito. Ron ofrece información desbordante.

La gente cambia para siempre bajo su impacto explosivo. Ron Ball es más que un motivador. Sus seminarios están llenos de técnicas utilizables que producen resultados positivos y rápidos. Ha sido comparado con Malcolm Gladwell por su habilidad para llevarte a la acción.

Entre los temas más populares de Ron están:

- Sicología lingüística
- El fascinante poder de tus palabras para cambiar tu vida
- Cómo sobresalir como una estrella
- Técnicas del lenguaje corporal del siglo XXI
- Lo que tus relaciones revelan sobre ti
- La clínica del dinero: ¿cómo pensar adecuadamente sobre el dinero puede hacerte rico
- El solucionador de problemas: una fórmula paso a paso para arreglar tus problemas
- El tren del cerebro: cambia tu vida cambiando tu cerebro
- El secreto amígdala: cómo el centro de emociones de tu cerebro puede generarte éxito

Esta es solo una pequeña muestra de los 200 temas de los aclamados seminarios de Ron Ball.

Para ponerte en contacto con Ron para que hable con tu grupo, llama al 606-226-2294 o escribe a su correo electrónico: office@ron-ball.com

Disfruta los seminarios de Ron Ball en la comodidad de tu hogar y tu carro

Si no puedes asistir a uno de los seminarios de Ron... ¡no te preocupes!

Inspírate con sus mágicos programas descansando en casa, en la ducha, o incluso mientras haces ejercicio.

Todos los seminarios de Ron Ball están disponibles en CD incluyendo:

- Sicología lingüística
- El fascinante poder de tus palabras para cambiar tu vida
- Cómo sobresalir como una estrella
- Técnicas del lenguaje corporal del siglo XXI
- Lo que tus relaciones revelan sobre ti
- La clínica del dinero: ¿cómo pensar adecuadamente sobre el dinero puede hacerte rico
- El solucionador de problemas: una fórmula punto por punto para arreglar tus problemas
- El tren del cerebro: cambia tu vida cambiando tu cerebro
- El secreto amígdala: cómo el centro de emociones de tu cerebro puede generarte éxito
- Secretos de millonarios que he conocido

Sobre el autor

Ron Ball es uno de los conferencistas más importantes de los Estados Unidos. Ha estado dirigiéndose a grandes escenarios desde que tenía 15 años de edad y ha asistido a cientos de seminarios de negocios en vivo frente a más de 8 millones de espectadores en 21 países. Ha escrito 11 libros sobre temas financieros y administrativos que lo convirtieron en un autor *bestseller* con ventas de cerca de 2 millones de ejemplares.

Ron tiene un pregrado y una maestría de Asbury University (donde hace parte de la Junta Directiva) y de Asbury Seminary. También desarrolló trabajos de posgrado en Emory University.

Como Presidente del Ron Ball Group, Ron Ball, siendo un experto en negocios, es muy bien reconocido por ser generador de cambios; la solidez de su formación le permite enseñar y proponer estrategias dinámicas sobre la resolución de conflictos mediante incomparables seminarios. Ha expuesto sus sabios conceptos frente a más de 12.500 líderes en el campo de los negocios junto a figuras como Zig Ziglar, el expresidente Ronald Reagan, John Wooden, Charles Stanley, John Maxwell y muchos otros.

Más de 12.000 profesionales han asistido a sus seminarios. Sus formidables técnicas son efectivas para ayudarle a cualquier negociante —o persona en general— a ponerse en marcha y crecer desde el primer día en que comienzan a implementarlas.